MARCELA MAGDALENO

LA LECTURA
PARA EL DESARROLLO
INFANTIL

MARCELA MAGDALENO

LA LECTURA
PARA EL DESARROLLO
INFANTIL

La lectura para el desarrollo infantil
© Marcela Magdaleno, 2001

Quarzo

D.R. © Editorial Lectorum, S.A. de C.V., 2001
Centeno 79-A, Col. Granjas Esmeralda
C.P. 09810, México, D.F.
Tel.: 55 81 32 02
www.lectorum.com.mx
ventas@lectorum.com.mx

L.D. Books
8313 NW 68 Street
Miami, Florida, 33166
Tel. (305) 406 22 92 / 93
ldbooks@bellsouth.net

Séptima reimpresión: agosto 2005
Octava reimpresión: junio de 2006
ISBN: 968-5270-48-1

D.R. © Portada: Blanca Cecilia Macedo
D.R. © Ilustración: Pablo García

Impreso y encuadernado en México.
Printed and bound in Mexico.

Agradecimientos

A Alfonso Moctezuma por toda la ayuda técnica y emocional que recorre éste libro.

A Fidelia Falcón, investigadora de desarrollo infantil que ha dedicado gran parte de su vida al fomento a la lectura en instituciones públicas y privadas, por haber sido co-creadora de toda la parte técnica y educativa de este libro.

A la profesora M.D.U Alma Celia Sotelo, activa partícipe del fomento a la lectura en Morelos.

A Marcela y Mauricio

Índice

CUENTOS

HORACIO QUIROGA
ESOPO
HORACIO QUIROGA

INTRODUCCIÓN

Estímulo a la lectura

El contenido de este libro es un material que toda madre, maestra, maestro, educadora, o todo quien trabaje con niños puede complementar con sus conocimientos, para el enriquecimiento del aprendizaje y la diversión infantil.

La información teórica, los talleres, las actividades manuales, los ejercicios físicos y los juegos, están pensados para alumnos desde preescolar hasta preparatoria. Así como para educadores, madres y padres y cualquiera que esté interesado en el desarrollo mental.

Los niveles de lectura irán de acuerdo con el grado escolar o nivel psicológico de cada niño. Al principio sólo verán dibujos que se relacionan con las imágenes de las letras; y con el proceso evolutivo, éstas quedarán en un segundo término, enfatizando la importancia que la lectura tiene en el conocimiento puro.

La lectura comienza desde el vientre materno, no hay pretexto para no leer ni para no incitar a la actividad mental a lo largo de la vida; el aprendizaje es insaciable con la lectura. La esencia de la lectura consiste en aprender a pensar; la lectura provoca revolución espiritual, nos enseña a cuestionar, a tener seguridad en nosotros mismos, a que volemos como pegasos hacia la libertad y el entendimiento, dejando muy atrás el abatimiento, la apatía y la pereza mental.

La televisión, los audiovisuales y algunos videos son reproducciones de ideas y conceptos literarios que ayudan al entendimiento, pero no al procedimiento de activación esencial del cerebro.

Las imágenes son el primer estímulo que transita por el laboratorio cerebral del niño y la niña. Por lo mismo, los libros dirigidos a los más pequeños están cargados de colorido e imágenes.

¿Qué podemos hacer para que lleguen a ser adultos productivos?

Darles la herramienta necesaria para que por sí mismos puedan encontrar las respuestas y soluciones para el futuro. Esa herramienta la tienen desde que nacen, la misma que nosotros los adultos aplastamos lentamente hasta que desaparece por completo: la creatividad, la cual les permite utilizar ambos hemisferios de su cerebro, y les permite usar todo el cuerpo para crear fantasías y realmente comprender, analizar y disfrutar lo que reciben por medio de la lectura.

Sin restarle importancia y sin dejar de aprovechar los avances tecnológicos, hay que apreciar que por donde caminemos hay imágenes; entonces, a los lactantes o niños de pre-escolar hay que activarles la observación, la concentración y el juego, estimulándolos para que presten atención a los letreros, carteles y anuncios que aparecen por doquier. Así que no hay pretextos, no necesitamos ser propietarios de la Biblioteca de Alejandría para motivar la lectura en nuestros hijos desde temprana edad.

Este libro se creó a partir de mi experiencia, al trabajar y convivir con bebés, niñas, niños y adolescentes, sin olvidar al niño hiperactivo, que con todo su potencial mental revoluciona institutos, escuelas y hogares; a él también lo consideramos muy capaz de asimilar la lectura y las diversas actividades.

El tema nació de la convivencia con niños y niñas, fomentando una inclinación autodidacta para la evolución integral del niño. La finalidad de este libro es que el niño, la niña, padres y maestros tengan las herramientas para el buen funcionamiento del pensamiento, así como saber qué hacer con lo que se sabe y la capacidad para encontrar lo que no se sabe; obtener la gracia para dar lo que se tiene y la grandeza para generar armonía, sabiduría y dar amor a los que nos rodean; saber que todos tenemos la capacidad de transformarnos y transformar nuestro entorno siempre evolutivamente.

Los medios masivos de comunicación nos taladran el cerebro, no nos permiten el buen procesamiento del pensamiento, porque al recibir información no hay pausas de reflexión; por el contrario, siguen circulando imágenes y sonidos que aniquilan el límite entre el juicio y la razón.

Todo nos pasa por enfrente con tanta rapidez que lo único que se logra es un subconsciente saturado, información desordenada y tragada por las arenas movedizas de la cordura. Esto hace que el hábito de la lectura se deje a un segundo término y la curiosidad por el conocimiento y la investigación queden aniquiladas. Lamentablemente esto trae como consecuencia el retroceso en las bases educativas de la humanidad. Y no sólo eso, pues es evidente que los avances tecnológicos que un día parecían grandiosos nos han traído un terrible deterioro ecológico.

El libro consta de dos partes: la teórica, donde con toda sencillez hablamos del proceso del pensamiento, las ventajas de la lectura, y de cómo cualquiera podrá aplicarlo donde sea, con sólo activar el cerebro. Además, hay consejos para hacer su pequeña biblioteca. La segunda parte tiene infinidad de consejos para hacer talleres y actividades para no dejar ni un minuto ausente de diversión para actividades individuales o en grupo. Las dos partes se complementan, y es necesaria la lectura completa del libro para saber qué conductas adoptar cuando estamos practicando los ejercicios.

Lo que se espera de un educador

Cuando se le pregunta a un niño qué espera de su maestro, generalmente no nos dicen que sepan más. Escuchamos que tengan mejor carácter, que se ponga en nuestro lugar, que nos tengan mucha paciencia y no se burle de nuestras preguntas. En pocas palabras, que sea respetuoso y sensibilice la percepción del pequeño y sobre todo que sea amigo y portador del amor. Eso y más es lo que se espera de un educador. Muchos niños afirman que sería bueno hacerles a los profesores un examen psicológico antes de que comiencen a desempeñarse como tales, pues a muchos niños no les gusta lo que hacen sus maestros y culpan a los padres por su frustración; con ello detestan ir a la escuela, y el aprendizaje se vuele una pesadilla. Lo peor que puede suceder es que, por un mal maestro, el pequeño trunque su evolución por bloquearse hacia el conocimiento en general.

Lo ideal sería que el educador entienda lo que realmente quiere el niño, lo deje ser, se ponga en su lugar, recuerde cuando tenía su edad, para descubrir su vocación, interesándose por sus preguntas, para entonces ser guías serenos pero firmes, sin imponer, pues la dinámica en clase es una sinergia donde se aprende mutuamente.

La mayéutica es importantísima, pues solo a través de preguntas y respuestas se extraerá el conocimiento de lo que se desea aprender, y se generará mayor comprensión y armonía en el diálogo.

Cada libro es un juicio que hay que cuestionar para despertar la dinámica del pensamiento. Nadie posee la verdad absoluta; y eso debemos transmitirlo. Hay que analizar todo antes de terminar, buscando la estabilidad y equilibrio en cada juicio.

Los consejos que aquí damos se pueden usar en escuelas, bibliotecas, cursos de verano; o bien, las familias pueden utilizarlos en el hogar para canalizar positivamente la energía de sus hijos, brindando resultados muy gratos.

Lo que les brindamos son herramientas para que las mujeres y los hombres del mañana aprendan a caminar firmes por la vida, a decidir por sí mismos, adquiriendo el talento de elegir lo mejor y más justo para su jornada hacia el auto-conocimiento; herramientas que fortalecerán la planeación y la comunicación, formando mentes dirigidas a la creatividad y productividad.

"... y el primer alimento que me nutrió fue la poesía que mi madre leía antes de conocer mi rostro"

En la época medieval, todos los libros se hacían a mano, y se apreciaban como oro, y tardaban años en hacerse. Cada ejemplar valía más que una casa. Hoy, que vivimos rodeados de libros, no los valoramos y a veces hasta los despreciamos por apatía o pereza.

... ¿por qué no leemos? Por apatía, falta de interés o enajenación por las imágenes. Si en su interior está el acervo cultural de nuestra humanidad, debemos cultivar el amor por los libros y contagiarlo como gracia de salud; aliarnos con el entendimiento y la conciencia, con el pasado, el presente y el futuro.

La lectura es una terapia que nos da calma y nos enseña a estar con nosotros mismos, canalizando esa inquietud por el sendero del entendimiento.

Antes de continuar, es necesario que manejemos conceptos en común, como inteligencia, fantasía, ficción y algunos otros relacionados con el proceso de la lectura y la evolución del niño. A lo largo de la primera aparecerá un glosario explicando los términos que se manejarán en el libro.

¿Para qué leemos? ¿De qué nos sirve la lectura? Leemos para conocer la esencia del ser humano, para profundizar en cualquier tema, nos ayuda a analizar, sintetizar y crear. Leemos para mantener la mente ocupada en algo positivo con el fin de ser constructivos y evolucionar.

Aprendamos a leer jugando

Antes de emprender la maravillosa aventura de descubrir el universo de los libros, debemos caminar de la mano, teniendo una misma visión con respecto al entendimiento y la evolución del género humano.

Leemos para descubrir, para hacer nuestras las ideas que se han escrito sobre la vida, la muerte, los sentimientos, la naturaleza humana, la eternidad y lo efímero de las cosas. En la lectura encontramos: belleza en la poesía, intriga en la ficción, recuerdos en la historia, ideas en la prosa y conocimientos en la ciencia, pero sobre todo una gran actividad cerebral.

La siguiente es una breve descripción de las primeras etapas, periodos o estadíos del desarrollo infantil, de acuerdo con Piaget:

En el periodo sensorio motor, que abarca aproximadamente desde el nacimiento hasta los dos años de edad, los cambios son rápidos y drásticos, que se "conquistan", se van logrando por medio de acciones y movimientos. En esta etapa se da el mayor desarrollo de la mente del ser humano. Debido a que no está acompañado por un lenguaje lleno de palabras como los adultos lo conocemos, se cree que no es tan importante; éste es uno de los errores más grandes de la educación infantil.

Al comienzo de su desarrollo, el recién nacido percibe todo como parte de sí mismo, de su propio cuerpo. Los objetos no existen para él a menos de que los vea o los escuche, los toque, los pruebe o los huela; es decir, a menos de que los perciba con sus sentidos. Los reflejos son lo único con lo que cuenta el bebé, después los hábitos que se le inculcan lo ayudan a organizarse, junto con todo esto que va percibiendo del mundo, lo rodea a través de sus sentidos.

Es decir, que al crecer, la inteligencia empieza a desarrollarse gracias a todo lo que percibe por medio del "movimiento" de los sentidos (inteligencia sensorio motriz o práctica). Hacia los nueve meses el progreso mental del bebé es grandioso y ya se da cuenta de que hay todo un mundo más allá de sí mismo.

El niño, durante este estadío o etapa, logra avances asombrosos día con día empleando diferentes medios. Es hacia el final de ésta etapa cuando los esquemas o representaciones en la mente se interiorizan y aparece así la función simbólica: el niño puede manipular mentalmente la realidad.

El siguiente periodo, el preoperacional (de 2 a 7 años de edad aproximadamente), es una etapa en la que todavía vemos que los niños siguen aprendiendo a partir de actividades esn las que se involucran los sentidos y el movimiento. Tienen sus propios puntos de vista y les cuesta trabajo aceptar las de los otros; lentamente van comprendiendo el mundo que los adultos les presentamos, nuestras reglas y nuestras ideas, pero todavía las suyas son las más importantes.

Todo lo que hacen es muy concreto, todo lo que "usan" para aprender es tangible, puesto que los pueden probar, oler, etcétera es cuando para el niño sentir es sinónimo de pensar. Por lo cual es éste el factor más importante para la evolución del género humano.

La lectura cautiva, cultiva, inspira, consuela y alimenta; nos abre horizontes y dimensiones; nos da paz, esperanza, fortaleza y convicción. Es un alimento para comerse lentamente, masticando, saboreando y digiriendo.

La lectura tiene que ser poseída por todo el poder de nuestra concentración: para que transite por todos los niveles de la mente, dejándose absorber por nuestra percepción y luego dejarla ir, plasmando el conocimiento en la realidad.

PRIMERA PARTE

LA MENTE DEL NIÑO LECTOR

El desarrollo del ser humano se da a partir de estructuras de conocimiento que se van renovando, formando y reformando a partir de cada experiencia. En los niños pequeños algunos de esos procesos resultan muy obvios, como son el aprender a sentarse, a caminar etcétera, cuando muestran al adulto el dominio o control de alguna habilidad adquirida. Sin embargo, los procesos de aprendizaje que se refieren a la inteligencia o desarrollo mental no son tan obvios ni tan fáciles de medir.

Piaget nos dice que el niño está siempre activo y evolucionando, desarrollando lo que llamamos inteligencia. La inteligencia es la adaptación al medio que nos rodea. Esta inteligencia requiere de un equilibrio entre dos mecanismos que no se pueden separar: asimilación y acomodación.

El desarrollo mental es continuo, constante; cada etapa da soporte a la siguiente, se asimila y se acomoda en su lugar poco a poco con cada nueva experiencia.

Es importante hacer enfasis en que el desarrollo mental del adulto y del niño no son de ninguna manera iguales. Hay ocasiones en que encontramos semejanzas en las reacciones del niño y del adulto, y otras veces vemos que el niño es totalmente diferente; es por eso que no podemos juzgar al niño y al adulto de la misma manera ni debemos creer que el niño aprende y piensa igual que un adulto. Muchas veces encontramos niños mucho más maduros que algunos adultos.

·Todo ser humano tiene derecho a conocer lo que quiere saber.

·Los niños imitan: si lo padres leen, ellos leerán.

·La esencia del buen pensar está en la lectura.

Profesando con el ejemplo

Todo buen hábito inicia con el ejemplo. Como madres es necesario estimular a nuestros hijos con el ejemplo. ¿Cómo vamos a exigirle a nuestro hijo que lea si nosotras jamás abrimos un libro? ¿Cómo vamos a exigirles respeto si nosotras no respetamos?

La mejor enseñanza se inculca con hechos. Nosotras somos las primeras maestras, y recordemos que los discursos se disipan entre la duda y la esperanza. Si nuestros pequeños nos observan leer, silenciosas y contentas, despertaremos en ellos el interés y se preguntarán: "¿qué será lo que está aprendiendo mi mamá?". Y ellos mismos recurrirán a los libros para investigar y descubrir.

La coherencia entre lo que decimos y hacemos es muy importante, porque así los niños aprenden de nuestras acciones y no de los gritos y regaños, que a veces por el ajetreo de la vida y por nuestras obsesiones solemos practicar.

La tolerancia y la congruencia son órdenes silenciosas que brindan seguridad. Hay que estar alertas en el crecimiento del niño, observar, escuchar y prepararnos porque a ellos no se les puede mentir: saben bien que sus padres no son perfectos, pero con nuestra sinceridad y esfuerzo les basta para ser felices. Así aprenderan a discernir entre lo destructivo y lo creativo, lo bueno y lo malo, lo verdadero y lo falso.

La vida es un largo aprendizaje; nunca dejamos de aprender, por más que dominemos una materia siempre existirá algo nuevo que nos sorprenda

El psiquiatra Wilhem Stekel nos comenta: "Las madres están orgullosas de sus hijos, los encuentran extraordinariamente bellos e inteligentes; cuando se observa a las personas grandes, tan feas y poco brillantes nos preguntamos qué ha sido de todos aquellos niños prodigios a quienes se ha visto en brazos de sus madres deslumbradas..."

Estamos de acuerdo con su afirmación. Hay padres, profesores, que en lugar de transmitir amor, curiosidad o interés por la vida, lo único que hacen es transmitirles miedos, angustias y frustraciones. Hay que extirpar esto con acciones, no con sermones.

Lo más sensato es aprender lo que nos gusta, ahí radica el interés y la devoción por lo que decidamos hacer o no hacer; pero lo elegido debemos hacerlo con pasión.

Actividades anteriores a la lectura para estimular el cerebro

Estas actividades tienen la misión de despertar los sentidos, desarrollar las cualidades, descubrir aficiones y descubrir talentos para que el niño aprenda a valorarse, a tenerse confianza, haciendo las cosas por sí mismo, para adquirir seguridad y fortaleza personal, por medio del conocimiento que da la lectura y la experimentación que nos da el arte de vivir.

La lectura nos da poder mental y desarrolla la inteligencia y la concentración.

Hay ejercicios de gimnasia cerebral, que se pueden hacer antes de la lectura individual o grupal, que nos permiten una mayor concentración, atención y entendimiento en la lectura. Iniciemos con tres:

1- Mover los ojos horizontal y verticalmente, sin confusión. Hacerlo cinco veces.

2- Hacer ejercicios de respiración, en secuencia de tres. Llenando el estómago de aire e irlo sacando paulatinamente.

3- Estirar las manos y en forma cruzada ponerlas al centro del rostro.

Los autores de *Brain Gym* (Editorial Lectorum), el Dr. Paul E. Dennison y Gail E. Dennison, le llaman "Gancho de Cook".

Hacer ejercicio físico es excelente para calmar la inquietud e iniciar la concentración en la lectura.

Sobre este tema podemos encontrar infinidad de manuales, libros y juegos; o sobre neurolingüística, que nos enseña cómo activar ambos hemisferios cerebrales.

Igualmente existen ejercicios de yoga sencillos, como el de la cobra, las respiraciones de estómago y la vida eterna (en el que acostados sobre la espalda pasamos las piernas por la cabeza hasta tocar el piso).

Estos ejercicios relajan y ayudan al aprendizaje. Practicándolo diez minutos antes del taller de lectura nos ayudan mucho a la concentración y a la comprensión.

La lectura hace individuos investigadores; nos ayuda a ser mejores

El niño y su mente

Casi siempre, nosotros, los padres, limitamos el desarrollo físico, mental y emocional de nuestros hijos. Su mundo íntimo es ilimitado, ellos son el fuego de la inocencia y las agallas de la astucia. Sus pequeñas locuras rompen esquemas; tienen el poder y la fuerza de un cohete y la energía de la creación, y una bioquímica que incrementa su energía, rindiendo un millón de veces más que la de un adulto.

En el mundo del niño, lo bueno y lo malo es determinante. Ellos son los mejores dramaturgos, representando en sus juegos las obras de la cruda realidad sin filtros, sin hipocresías. Para ellos el padre y la madre son soles que les dan ubicación y felicidad.

Es muy difícil detener a un niño porque está en incesante transformación, en ebullición volcánica; es el movimiento de los astros en la pasividad de nuestro hogar.

Niño y niña son sinónimo de gritos, tiradero, desvelos y corajes, pero hasta en ello hay magia, la chispa de la vida. Eso se extraña cuando crecen y se van, por eso hay que valorar cada instante; y de cada detalle aprender de ellos, escucharlos, observarlos y amarlos.

INSTINTO. Estímulo interior que determina los animales a una acción dirigida a la conservación de la reproducción. Impulso o movimiento. Inspiraciones sobrenaturales

Leamos recreando e interpretando nuestra propia realidad

Hoy, en que la telecomunicación invade cada rincón de nuestro hogar, el funcionamiento del pensamiento y sus procesos de percepción, asimilación y comprensión se debilitan en las catacumbas de la informática. Por consecuencia, se debilita la mente acostumbrándose a recibir todo digerido; se acondiciona a conocer el fin, ignorando el suculento placer que son los medios para lograr algo; en el camino hacia el objetivo se inicia el proceso del conocimiento real; la incertidumbre es el motor que nos da vida, emoción.

Enseñar a distinguir

La lectura cautiva, cultiva, inspira, consuela y alimenta; nos abre la mente a nuevas dimensiones y a horizontes desconocidos. Nos da la paz anhelada, esperanza, mucha fortaleza y convicción.

HIPÓTESIS. Suposición de una cosa para sacar de ella una consecuencia

34

Para eso leemos, para ser más nosotros mismos a cada instante de nuestra efímera existencia y para vivir con mayor plenitud a cada instante.

Amar los libros, su contenido y su significado es descubrir el cordón dorado que une el exterior con el interior. También es entrelazarnos en entendimiento y conciencia, con el pasado y el futuro.

MENTE. *El espacio donde habita la inteligencia y ésta se alimenta de experiencias o impresiones*

Antes de continuar, es necesario usar conceptos en común, como la inteligencia, la fantasía, la ficción y algunos otros términos relacionados con el proceso de la lectura y la evolución del niño.

El hábito de la lectura nos da poder mental y desarrolla la inteligencia y la concentración, porque trabajamos con una herramienta invaluable, individual, indestructible y eterna: la mente.

La lectura es una incesante investigación que nos da conocimientos sobre el universo, la tierra y nosotros mismos. Ésto nos amplía la visión de nuestra realidad, ayudándonos a ser mejores, a conocernos mejor y a emprender cualquier acción hacia un camino positivo, productivo y creativo.

Viviendo el instante

Esto nos habla del nivel de madurez del ser humano. La clave está en realizarnos hoy, viviendo el presente sin angustiarnos sobre el mañana y sin deprimirnos con los remordimientos del ayer y desafiando lo desconocido. Recordemos que el hoy es pleno y es lo único que en verdad tenemos en las manos. También el hoy es eterno: sólo tenemos que hacerlo nuestro y hacerlo real.

No hay que obsesionarnos tanto con la educación de nuestros hijos. Desde que nacen ya les tenemos planes y no los gozamos, no observamos los pequeños detalles que los hacen ser lo que son. Y de esas inseguridades nuestras los vamos alimentando. Todos nuestros temores, frustraciones y angustias se las transmitimos, en vez de cortar de una vez el cordón umbilical para que ellos se vuelvan fuertes e independientes; esto no significa dejar que crezcan a su libre albedrío. Necesitamos darles una atención equilibrada. Pero para hacer esto debemos comprender que todos somos responsables de nuestra propia existencia, y como tal tenemos el derecho de aprender todo lo que nos inquiete sin tabúes y sin prejuicios.

Es irónico observar cómo nos enorgullecemos el decir: "ese niño es idéntico a mí." Sí claro, repitiendo el mismo patrón, insistiendo en el mismo error, viviendo la misma obsesión.

En la vida no hay novedades, pero estamos aquí para superarnos y evolucionar; por lo tanto, vivir el instante implica ser nosotros mismos auténticos y genuinos, actitud que muchas veces se confunde con la rebeldía. Sin embargo, la rebeldía definitivamente produce un progreso, por ser un coraje y un desafío hacia lo establecido.

No hay que olvidar que la mente tiene una capacidad infinita. No importa que se estudie en una escuela particular o pública, el niño que tiene el hábito de la lectura siempre tendrá la inteligencia mucho más aguda que el niño que no sabe qué hacer con un libro en las manos; quien lee aprende a discernir; el que no, se encajona en una realidad obtusa y cuadrada.

El niño que está constantemente descubriendo los libros, jamás estará aburrido, sus ideas serán borbollones de creatividad y siempre le encontrará sentido a su vida.

En el proceso de la percepción, según Piaget, el niño evoluciona a partir del entendimiento de sus experiencias. Los libros son útiles pues ahí se descubren cosas en común. La percepción es todo lo que el niño capta con sus sentidos físicos y sensoriales. Los niveles de percepción son infinitos y es necesario dejar que los niños los desarrollen como se les van presentando sus habilidades.

Es necesario observar atentamente el desarrollo del niño, y antes de negarle lo que percibe, imagina o siente, hagámosle preguntas, para ver si es imitación de algún amiguito o película, o es realmente una característica singular en él.

LENGUAJE Y EXPRESIÓN

Los niveles de lenguaje están acordes con los niveles mentales de cada ser humano.

Anatole France afirmaba: "Los niños toman posesión del mundo con una energía sobrehumana. Nada iguala a esa primera fuerza vital, a esos primeros movimientos del alma". Por eso insisto en que hay que estimular al niño desde el nacimiento, porque si esa energía se deja pasar no volverá jamás.

A los niños se les tiene que hablar con naturalidad, y sobre todo con franqueza y sinceridad. Si al bebé le hablamos con tono y vocabulario de bebé, nunca aprenderá a hablar bien, siempre tratará de usar un lenguaje aniñado porque así es como lo mimamos y le demostramos nuestro aprecio. De la misma forma, si acostumbramos a que el pequeño nos señale lo que quiere, en vez de expresarlo, estaremos limitando sus capacidades. Hay que hacer que utilice el cerebro, la creatividad o el ingenio por medio del lenguaje, para lograr lo que quiere.

El niño entiende perfectamente un lenguaje fino y culto, lo único que tenemos que hacer es usarlo. En nuestro idioma, existen millones de palabras con las que podemos expresar lo que deseamos, sin la necesidad de caer en frases trilladas o vulgares.

DIÁLOGO INTERIOR. *Interior que está adentro (dentro de nosotros mismos)*

Sólo se siente en el alma

El lenguaje es vasto e ilimitado, con creatividad podemos expresar absolutamente todo lo que sentimos, pensamos o intuimos. Los conceptos pueden entenderse mejor con palabras bien aplicadas, con metáforas que nos expresen colores, olores y sonidos. Si desde que nace un niño le hablamos, le platicamos, le cantamos, describiendo cada cosa, pronunciando bien el nombre de cada utensilio y actividad que realicemos con él, lógicamente se daría cuenta que aprender es un deleite, y aunque no sepa hablar, sabrá expresarse y entender.

Si lo tratamos como a un muñeco, lo vestimos, lo bañamos, lo alimentamos, sin explicarle, crecerá como un títere dependiente, manipulado a nuestra imperfecta voluntad o conforme a nuestro estado de ánimo. Tampoco hay que forzarlos, al inicio tiene que ser con juegos. Por eso, desde el primer año de vida hay que dejarles a su alcance libros con grandes ilustraciones, y estar siempre cerca para contestar sus preguntas.

Darle al niño literatura chatarra es un insulto, ya que él tiene una capacidad intelectual mucho más elevada de lo que el adulto cree. Por eso hay que ser muy cautelosos con los primeros libros que les facilitemos, porque de ahí nacerá el amor o el aborrecimiento por los libros.

Estimular y ampliar el vocabulario

Al platicar todo el tiempo con sus hijos sobre lo que sucede día a día, les ayuda a que estructuren mejor el lenguaje y el entendimiento, ya que estamos utilizando conceptos precisos que definen las cosas o ideas.

Cuando ellos nos escuchan hablar con estructuras y adjetivos precisos y complejos, se identifican con ese lenguaje y, posteriormente, además de entenderlo, lo utilizan.

Para crear el hábito de la lectura debemos saber escoger los libros adecuados, algo que nos in-

terese, que nos despierte la imaginación y nos amplíe el criterio. Afortunadamente existen libros
para todo tipo de lector.

Los niños se identifican generalmente con los
animales: por su libertad, salvajismo, independencia, y les intriga su forma de vida. Esto les
fomenta la construcción de cuestionamientos
esenciales para su mente. También las fábulas y la
mitología pueden interesarles y divertirles.
Comienzan a encontrar los parámetros humanos
como el bien y el mal, la justicia, la avaricia, entre
otras virtudes y vicios.

En la infancia se interesan por el funcionamiento de las cosas; por ejemplo, cómo vuelan
los aviones, por qué se sumergen los submarinos.
Así comienzan a preguntarse sobre la conducta de
los adultos. Existen libros y revistas de teoría y
experimentación muy interesantes que se presta
para que los padres lean con sus hijos.

COGNOSCITIVA. Lo que es capaz de conocer

Enseñar a distinguir

Algunos se preguntarán para qué sirve leer fantasías, pues suponen que es una evasión. Pero en
realidad el ejercicio de la imaginación es una
forma de identificación con personajes, con los
que suceden muchas aventuras. Sin darse cuenta
los niños aprenden a resolver sus propios problemas, a ser creativos con las opciones como men-
cioné anteriormente, a desafiar y tener seguridad
en sus convicciones La lectura despierta el mecanismo del pensamiento indispensable para la
autoafirmación y la seguridad. Nos enseña a expresar lo que pensamos y sentimos. Desarrolla
tendencias positivas, como es la investigación y el
deseo por saber, conocer y experimentar.

*FANTASÍA. Facultad que tiene él ánimo de repro-
ducir por medio de imágenes las cosas pasadas,
lejanas o ideales. La imaginación en cuanto inventa*

APRENDIZAJE Y EVOLUCIÓN AUTODIDACTA

Evolución autodidacta

Un ser humano puede aprender de todo: del amanecer, del germinar de las flores, cómo abordar un autobús, cómo mezclar pinturas, absolutamente todo, siempre que haya desarrollado su mente investigadora y perceptiva desde temprano.

La vida puede y debe volverse una incesante investigación, y para ellos una herramienta muy útil es el libro.

En lugar de pasarse la vida aconsejando y teorizando, el experimentar es fundamental para un desarrollo completo y sano. Sólo habiendo experimentado podemos enseñar con certeza y convicción

Todo lo que creemos, intuimos o percibimos, sólo al experimentar se volverá real y el conocimiento se convertirá en parte integral de nosotros mismos.

Enseñar a experimentar

Este es un proceso delicado que tiene la misión de acabar con los miedos, complejos y limitaciones implantadas por la educación tradicional.

En el camino hacia la experimentación debe existir el concepto y la práctica del amor, por medio del desarrollo de los sentidos: observar, escuchar, olfatear, y sentir, nos ayuda a crecer y a estar alertas a nuestro ambiente. Aprender a amar y a ayudarnos mutuamente para crecer juntos es la esencia del trabajo en equipo y posteriormente de una armonía social.

Experimentar para los adultos es algo normal, pero para el pequeño es un desafío: sentir la tierra, el agua, el aire. Experimentar texturas, aromas, sabores; experimentar con la risa, con la lluvia, con el bosque, en los columpios, en los juegos.

En conclusión, dejarlos ser pero con la supervisión adulta, para que todo experimento tenga sentido y significado y no sea sólo el caos y el tiradero, porque después del experimento llega el orden, que también hay que inculcar.

Muchas veces decimos: "no quiero que mis hijos pasen por lo que yo pase", sin embargo, nosotros somos lo que somos y sabemos lo que sabemos por la gama de experiencias por las que pasamos.

No podemos limitar sus vidas por nuestros temores e inseguridades.

La investigación propicia la lectura en todas sus facetas

Aprendiendo a pensar

Cuando los niños están en la edad de las mil preguntas, y los padres o hermanos mayores no tienen el tiempo o el conocimiento para responder, los libros son la voz de sabiduría y muchas veces el único apoyo en el que pueden confiar. Aprender de todo a través de los libros, además de sacarnos de dudas, nos lleva a una incesante actividad mental. Aprender a pensar es lo más importante que el ser humano puede hacer.

Enseñarles acerca de la libertad para pensar por sí mismos con la mayor responsabilidad es la mejor herencia que podemos dejarles a nuestros hijos; la autonomía de ser y hacer llevándolo a cabo con seguridad y amor.

Si nuestros hijos nos preguntan y no sabemos, con sencillez y humildad debemos contestar la verdad y hurgar con ellos entre los libros en busca de la respuesta.

El proceso del pensamiento se inicia en el laberinto de las experiencias: sentir, experimentar, descubrir, explorar, intentar por sí mismo todo; buscar emoción, novedad y satisfacer su insaciable curiosidad. Todo es necesario para la evolución de un individuo sano, fuerte y positivo. Todas las experiencias se depositan en la mente y de acuerdo con su genética individual, en forma desglosada, surgen los pensamientos.

Hay que alimentar positivamente el caudal de los pensamientos para desarrollar la comprensión universal, y aprender a ordenar la información, la visión objetiva y la síntesis para una mejor concentración y utilización del conocimiento.

El pensamiento es un poder que podemos utilizar a nuestro favor. La amnesia es la pérdida total de nuestros pensamientos.

La genialidad es la canalización de los pensamientos, buscando la solución de dudas y presentimientos: con ingenio buscamos la aurora de la creación.

Cuando vivimos en la dispersión mental, jamás logramos hacer nada. Por eso el ejercicio de la lectura es tan necesario en el desarrollo mental, porque nos fortalece la concentración, canalizando nuestros pensamientos hacia una sola dirección.

Entonces podremos dominar nuestras emociones y cortar las cadenas de la ira, la envidia y el egoísmo, transformándonos para aprender con libertad, caminando libres por la vereda del amor, de la fraternidad y de la sabiduría, teniendo una visión más cabal, recta, justa de la realidad.

Vivir el presente como si fuera lo único que tuviéramos es el mejor ejercicio para fortalecer la concentración. Cualquier cosa que hagamos dedicando el cien por ciento de nuestros sentidos tendrá éxito. Pero si realizamos actividades teniendo la mente en otro lugar, nada nos saldrá bien.

Existen ejercicios de meditación que consisten en el silencio y en dejarse guiar y aquietar por una suave voz entre música y susurros del viento, enfocados a que el niño o niña centren su atención en un solo punto. Si se practica cinco minutos diarios, durante una semana, el resultado se manifestará de inmediato, sin olvidar que éste es un hábito de control mental que nos ayudará toda la vida.

No hagas nada por tus hijos que ellos puedan hacer por ellos mismos

Un hijo no es un estorbo, es un complemento; no debemos negarles, debemos brindarles... amor, conocimiento, experiencias.

Aprender a enseñar y compartir nuestros conocimientos

Generalmente como madres solteras o trabajadoras hacemos una obvia separación entre nuestro mundo y su mundo, dejamos a nuestros hijos en guarderías o con cuidadoras, y esto se vuelve un hábito. Después la costumbre es tan grande que no los llevamos ni a lugares donde sí pueden asistir. Damos por hecho que no entienden, que no saben, pero ellos se dan cuenta de todo, incluso de nuestros más recónditos pensamientos. Los niños pueden asistir a muchos lugares y debemos enseñarles a portarse adecuadamente. Por ejemplo en reuniones políticas, sobre todo si se habla de ecología, de medio ambiente o de cuidado a la naturaleza y los animales. Por más pequeños que sean, ellos tienen conciencia social y tienen el derecho y la necesidad de opinar y participar. Si damos conferencias o clases, de vez en cuando es muy útil y positivo invitarlos, para que vean y sepan en qué trabajamos y qué hacemos. Saber por qué nos ausentamos del hogar es imprescindible para su sano crecimiento. Incluirlos en nuestro mundo sutilmente sin presiones para despertar el diálogo natural y sencillo. Aprender a conversar con ellos, sin que nos asusten sus preguntas, curiosidades e inquietudes, es una dosis grande de amor.

Como trabajamos fuera del hogar, generalmente tenemos un déficit en el amor que no sabemos cómo expresar, y a veces confundidas estallamos por las presiones, sin saber qué decir y cómo actuar. Es un reto confrontar a nuestros hijos lo más directo y sinceramente posible.

Nuestros hijos son nuestra sangre, una continuación de nuestro ser, a quienes hay que cultivar como un jardín sagrado. La participación o el distanciamiento lo propiciamos nosotros, madres y padres, y si algo ha salido mal y la alianza y el diálogo se han roto, nunca es tarde para volver a unirlos.

Los niños aprenden de nosotros, nuestros rostros, expresiones, silencios e intenciones; pues nunca hay que dejar estancar el proceso de crecimiento: la capacidad de aceptar nuestros errores y desafiar los obstáculos para aprender lo que no sabemos, sin importar la edad.

Muchas veces las peores agresiones emocionales y mentales hacia nuestros hijos son dejarnos derrotar por las circunstancias efímeras de tiempo y espacio, y que ellos vean cómo nuestra debilidad y pesimismo se van apoderando de nuestras venas y de nuestra voluntad.

La violencia a veces inicia con la apatía, con las depresiones y amarguras, siguiendo los esquemas como si no existiera alternativa nueva a seguir. Todos los golpes duros tienen una lección, los luchadores hurgan en ellos y siguen su camino, el mismo o uno nuevo, pero siempre adelante, exprimiendo sabiduría de la experiencia.

En las relaciones de amor no hay cabida para esto, puesto que la lucha positiva hacia delante es nuestra única bandera.

Como educadores no debemos vivir pensando en el pasado, no dejarnos atrapar por el ayer, lo que se nos dijo e hizo, ya que no hay nada establecido ni recetas que nos indiquen el camino. La experiencia, la madurez y el sentido común son puntos que nos guían.

Cada generación es nueva y solicita conocimientos nuevos y frescos, muchas veces la clave está en escuchar las necesidades; así es, en escuchar. Es así como aprendemos, sin patrones establecidos, de lo que debe ser o fue, o lo que cierta regla dice. La clave está en la observación, sin suponer, sin adivinar pensamientos, sin ordenar, por pura necedad sin juicio ni razón, poseídos por el complejo de autoridad. Este proceso sirve para descubrir el carácter de nuestro hijo. Como tutores y dentro de una sociedad como la nuestra, siempre existen órdenes y reglas para no crear desorden o volvernos antisociales; algunas hay que seguirlas, pero cuestionándonos su origen.

La diversidad de conocimiento aglomera el entendimiento y fácilmente podemos perder la noción de lo real. Y hay que tener presente que las bases reales para la mejor educación se sustentan en el amor, el respeto y la sinceridad.

CONVERSACIÓN Y ENTENDIMIENTO

Descubriendo talentos

¿Quiénes somos? Lo más importante es darnos cuenta de que existen valores que no cambian. Todo pasa inevitablemente por este proceso: nacimiento, crecimiento y muerte; lo que acumulamos, hablando materialmente, se disipa. Por el contario, existen elementos que podemos tejer en el alma de nuestros hijos que persistirán eternamente: la sinceridad, la honestidad, el trabajo, aprender a escuchar, a ser prudentes y, sobre todo, la espontaneidad y la inocencia.

A lo largo de nuestra existencia buscamos la felicidad, la paz y, sobre todo, lo que habita en nuestro misterioso interior. Y en esa eterna búsqueda nos llenamos de conceptos, de conocimientos preestablecidos, de deberes y de temores. Y terminamos por refugiarnos en el olvido, perdiendo el hilo de nuestra misión, olvidando que en el único lugar donde tenemos que buscar es en nosotros mismos, en nuestro silencio y en nuestro diálogo interno, descubriendo que el único conocimiento que nos lleva a la comprensión de todas las cosas, es el conocimiento de nuestro ser.

Existen varios exámenes, los cuales son útiles y necesarios practicar, generalmente al entrar en la adolescencia, para encontrar nuestros talentos y virtudes. Observar a los niños desde pequeños y sin influencias, para saber con qué se entretienen más tiempo, si es introvertido o extrovertido (incluso en las cartas astrológicas se revelan nuestras inclinaciones por tal trabajo o tal estudio) nos ahorra mucho tiempo cuando llega el momento de decidir una profesión.

Cómo aproximar a los niños a la lectura

Cada vez que nos hagan preguntas, hay que poner a su alcance los libros de consulta, enciclopedias, revistas. En estos casos la computadora puede ser buena asesora. Cuando cocinen, ponerles las recetas; cuando se compren un juguete, que ellos mismos lean los manuales; en clase hacer concurso para ver quién lee más libros en el año y hacer círculos de lectura en voz alta con una gratificación final. Si vamos de paseo a algún pueblo o ciudad llevar un libro que explique la historia del lugar; por las noches procurar leerles antes de dormir; si tienen insomnio, en vez de enchufarles el cerebro a la televisión, darles libros.

Pero así, sin saberlo, seguimos buscando... en la reflexión, en la escuela, en la diversión, en la familia, en la pareja... todo para descubrir en realidad qué y quiénes somos.

Pero los parámetros que establece la sociedad parecen alejarnos de la esencia de nuestras verdaderas metas, como son la felicidad, la paz interior, la fraternidad, la libertad y el respeto, convenciéndonos de que la fama, el dinero y el poder nos darán la vida eterna. Pero como hemos observado en tantos casos, lo único que nos brinda es confusión y un profundo vacío.

Así como la música une a la humanidad, disfrutando de la misma melodía, así hay conceptos escondidos en los libros capaces de hilar corazones, fortalecer aficiones y convicciones, haciendo de todas las razas una gran hermandad. Por eso es más fácil emprender un camino de desarrollo social y evolución individual utilizando un método autodidáctico, usando como valiosa herramienta el libro.

Resulta extraordinario observar cómo una persona que se desarrolla autodidácticamente con disciplina, pasión y constancia, al correr del tiempo tiene una visión mucho más amplia, objetiva y exacta, que aquel doctorado que sólo estudió a través de guías y programas establecidos. El camino es mucho más intrincado y difícil, pero el resultado modifica la esencia del ser y no la forma.

Recreación mental

Éste es un ejercicio para desarrollar la visualización y la proyección de nuestro ser por medio de la imaginación. También ayuda a desarrollar la intuición y la telepatía.

Parecido a los ejercicios de meditación creativa, en que los niños se sientan o se acuestan con los ojos cerrados, la atmósfera debe ser armónica, silenciosa y acogedora. Si se desea usar una música tranquila, ayudará a la concentración. Ya recostados y en absoluto silencio se procede a la sesión de respiraciones. Son suficientes tres inhalaciones y exhalaciones profundas; en las inhalaciones debemos transmitir que se respira amor, fuerza, paz, alegría; en las exhalaciones sacarán la furia, el odio, el resentimiento, los miedos y el dolor. Después ya que estén sus cuerpos y sus mentes relajados, irles describiendo un hermoso paisaje; incluso podemos contar un cuento donde existan aves, ríos, plantas. Nuestra narración debe ser precisa y llena de sensaciones, para que los niños sientan cada imagen palpitando en su cuerpo. También podemos hacer la narración de un viaje al interior del cuerpo, al espacio, a nuestro hogar... o donde sea pero resaltando la vivencia.

Educación en casa

El niño aprende todo lo que los padres piensan, hacen o sienten, por eso sea cual sea nuestra situación es necesario ser conscientes de nuestro comportamiento frente a ellos. El psicoanálisis siempre es útil para conocer cómo somos y cómo actuamos, sentimos y reaccionamos. El amor a uno mismo y el conocimiento nos abren las puertas de la comprensión y de la convivencia familiar.

Se ha observado que los padres sobreprotectores crean niños débiles, reprimidos y dependientes. Esto en vez de contribuir a la fortaleza del niño, construye el camino hacia su fracaso. Eso no significa dejarles de dar amor; al contrario, afirmamos la frase: "Porque los amo los hago fuertes." Por eso al tener a un pequeño frente a nosotros y concientizarnos de que lo estamos educando, debemos dejar atrás todos nuestros traumas y emprender un nuevo camino para educarnos y educar con fortaleza y autosuficiencia.

Déjelos llevar a cabo las actividades del hogar por ellos mismos, pero bajo supervisión. Si usted les enseña a recortar con tijeras, picar verduras, arreglar su recámara, a solucionar sus problemas, disminuirán los accidentes en casa.

Y recuerde, la paciencia es un ingrediente básico para aprender bien cualquier actividad.

Ellos adquirirán una extraordinaria seguridad en sí mismos al dominar el conocimiento, y usted en vez de tener una carga mayor cada día, tendrá unos pequeños despiertos que lo ayudarán, pero sobre todo se ayudarán a sí mismos a salir adelante en cualquier problema o situación.

Los juegos de mesa didácticos con fichas, dados y cartas para leer son magníficos pues despiertan el apetito de la lectura, ya que sin darse cuenta, el niño se esfuerza para entender lo que lee para continuar la emoción del juego.

Otras actividades que también se pueden realizar en casa con nuestros hijos es jugar con una videocámara. Esto sirve para reafirmar las relaciones entre padres e hijos. Escribir un pequeño guión, podrá ser un cuento inventado por ellos, una escena policiaca, satirizar anuncios de televisión; si tenemos ropa vieja, sombreros, cinturones, hay que usarlos. Hay que hacer uso de cualquier cosa para representar personajes. Esta actividad es una excelente terapia porque generalmente se incita a la risa. Los niños aprenderán a improvisar; si es posible, dejarlos por sí mismos para que ellos organicen el juego para que dé seguridad en sus decisiones.

FICCIÓN. Acción y efecto de fingir. Invención poética.

Éstas son algunas actividades que podrán practicar por las tardes, que ayudan al niño a desarrollar sus habilidades y a descubrir sus talentos.

Por medio de actividades como la pintura, la masa o plastilina, el barro, la lectura y el deporte, ellos y usted podrán descubrir más rápido sus talentos. Si jamás han practicado nada de esto, ¿cómo podrán saber que les gusta o que les disgusta?

En vez de enchufar la mente de su hijo en la televisión, .volviéndose pasivos y sin iniciativa, usted tiene el poder de guiarlos por el camino de la sabiduría y la recreación. Los libros aquí forman una parte indispensable en su desarrollo.

Libros de prácticas y actividades los guían por el camino de la diversión y el desarrollo de juegos.

En vez de que usted le explique cómo se hace todo, deje libros, manuales o instructivos a su alcance para que ellos mismos sigan los pasos y apliquen sus conocimientos prácticos.

No espere que hagan obras de perfecta calidad, pero si es hecho por ellos mismos desde el inicio, créanme, vale más que cualquier trabajo en el mundo.

Las computadoras

Se ha cuestionado mucho sobre si el niño debe aprender computación o no, si lo limita en su desarrollo mental, si le crea pereza en la lectura o si lo transforma.

Hoy en muchos lugares el tema es un tabú. La realidad es que las computadoras se han convertido en parte de nosotros, de nuestra sociedad y de nuestro mecanismo de pensar.

Evadir la evolución cibernética sería negar los avances de la civilización.

Hoy en día la computadora es un complemento, no un obstáculo; y en ella hay mucho que leer.

Definitivamente la computación amplía la visión del niño, estimula su percepción y sus sentidos al máximo. Nos ofrece sonidos, imágenes tridimensionales, explicaciones en varios idiomas, cuentos con movimiento. Esta gama de materiales didácticos nos acerca áa la lectura y sus significados.

El uso de la computadora nos abre horizontes que nos inundan de curiosidad para investigar en los libros y en la vida misma las incógnitas que ésta esconde.

La computadora nos brinda información útil que nos ayuda a ampliar nuestros conceptos sobre todo lo que deseamos saber: como el reino animal, el viaje por el mundo, etcétera.

También almacena enciclopedias, diccionarios, colecciones de datos sobre ciencia, filosofía, biología, entre muchas otras cosas, las cuales, complementadas con la lectura de libros, nos ofrecen una amplísima gama de conocimientos de alta calidad.

La computadora es y será el futuro vehículo para viajar por el conocimiento.

A través de la lectura de los manuales tendremos el conocimiento para hacer un buen uso del equipo tecnológico.

Existen variados paquetes educativos apropiados para sus hijos. Recordemos que los buenos paquetes educativos van al ritmo de cada niño, son autocorrectivos, dan oportunidad de que el niño se sienta exitoso y autosuficiente; a través del juego pueden aprender una tecnología que deben dominar. Sobre todo es una herramienta útil que nos ayuda a complementar la investigación.

Ventajas y desventajas

Las ventajas. En esta pantalla cerebral existe el movimiento, el sonido, el pasado y el presente y el futuro, frente a nosotros. Tenemos el poder de viajar a todo color por el mundo entero. Leemos y entendemos de una manera sintetizada, y nuestro cerebro aprende a captar las imágenes tanto figurativas como literarias con mayor velocidad. Archivar y encontrar información con rapidez, entre otras.

El uso de la computadora nos enseña a ordenar, a clasificar, a seleccionar y a crear. Si se utiliza con mucha frecuencia, puede amplificarse en otras actividades de la vida, como el orden en los útiles escolares, en el arreglo de su cuarto, de su ropa, de sus juguetes y en su forma de pensar. Ayuda a entender y practicar las rutas de acceso, llevándose a cabo este proceso también a nivel mental. A continuación expondré un par de ejemplos. Un niño quiere llegar a la cima de una montaña; antes de emprender su camino se detendrá, analizará y luego tomará el camino mas sencillo y rápido, en vez de lanzarse con mucha fuerza pero sin cálculo. Otra manifestación de ruta de acceso practicada por el inconciente se manifiesta en la comunicación se ha comprobado que las respuestas son más claras y directas.

Las desventajas. Que dependemos de la luz, existen ciertas radiaciones dañinas, alto costo, variaciones eléctricas, se puede perder información por un virus, o que el niño no quiera hacer otra cosa más que estar frente a la computadora, por ejemplo miedo a jugar con otros niños, apatía por salir a pasear, aburrimiento al convivir con la familia.

Terapia de personajes

Blanca Nieves, *Ricitos de Oro*, *Caperucita*, son cuentos que parecen sencillos pero que tienen un trasfondo psicológico que hay que descubrir.

Los talleres de lectura deben ser dinámicos, ya que en ellos se cuestiona y se pone en duda lo que hacen o dicen los personajes, las princesas, los reyes. Podemos traer a los personajes a ésta época e imaginar cómo serían hoy, cómo vivirían hoy. Igualmente podemos representar a los personajes en una obra teatral, creando personajes y vestuarios. Esto nos hace razonar qué tan positivo o negativo resulta el personaje ya cobrando vida.

Hay niños y niñas que odian los libros, generalmente son a quienes jamás les dieron libros, o se los daban sin interés, como quien da una toalla o tira la basura: con mente mecánica sin ninguna simpatía, sin cariño.

Primero hay que despertar el apetito por la lectura con gracia y amor; posteriormente, identificar al niño con el personaje.

También existe el juego del reportero, en el que leemos y escribimos lo que el personaje nos dice. Jugamos a que visitamos a un artista o a alguien que admiremos mucho, o tal vez desarrollar una conversación sobre violencia, paz o ecología, y posteriormente leemos y escribimos la información recopilada frente a los compañeros.

Para los jóvenes, hacer apuntes o resúmenes aunque sean cortos y sencillos es importante, para comprobar el entendimiento de lo que se leyó.

Aprender a hacer preguntas elementales, sin importar lo simple que sean, pues las cosas no se sobreentienden, hay que entenderse desde el fondo para aprenderse bien.

Subrayar las palabras que no se entiendan y posteriormente utilizar el diccionario para salir de dudas.

LIBROS, DIVERSIÓN Y LIBERTAD

El ideal mas elevado que podemos anhelar para nuestros hijos es su propia libertad, el camino es difícil pero, con conocimientos se facilita el camino.

Los libros nos dan conocimiento y ejemplos para lograrlo mejor y jugando aprendemos mejor. Los juegos son como los sueños: en ellos todo puede suceder.

Es una atmósfera donde se gesta la diversión y donde convergen imaginación, talento, conocimiento y sobre todo se ejerce el difícil destello de la convivencia que es donde el niño comienza a conocerse a sí mismo, en plena libertad, sin parámetros ni lineamientos.

Para crear el hábito de la lectura debemos saber escoger los libros adecuados, algo que nos interese, que nos despierte la imaginación y nos amplíe el criterio. Afortunadamente existen libros para todo tipo de lector.

Detrás de un mal estudiante hay una mal lector

La lectura nos enseña a pensar, a cuestionar, a dudar e indagar. El aprendizaje no se memoriza, se analiza y se engendra en las partículas cerebrales para utilizarlo. Enseña a distinguir lo que sirve y lo que no, lo que contamina y lo que nutre, clasificando lo mejor para nosotros mismos.

Al atravesar por la vertiginosa adolescencia, es recomendable leer de forma autodidacta libros de psicología y psicoanálisis. Esto les ayudará a entenderse a sí mismos, comprendiendo mejor los cambios por los que atraviesan. La adolescencia es un buen momento para despertar su diálogo interior. Libros de ciencia-ficción les abrirán las puertas del infinito y muchas veces las aventuras de terror y suspenso les atraerán. Libros como *Frankenstein* o *Drácula* son buenos pasatiempos para el adolescente.

La televisión se ha implantado en las conciencias del siglo XX, creando pereza mental y sobre todo decadencia en la sensibilidad y en la moral. Peor aún, es evidente que los medios de comunicación están manipulados vilmente por el dinero. La pobreza y vulgaridad contenidos en los programas establecen una influencia absolutamente negativa y dañina en nuestras mentes. Por eso nuestra preocupación se expande sin límites, aconsejándoles a ustedes, padres y profesores, que extraigan de los pequeños el vicio de la televisión y los lleven de la mano al maravilloso mundo de los libros.

Es muy cómodo encender el aparato y dejar enchufado el cerebro del niño. Es una certeza que instantáneamente dejará de hablar, de correr, de preguntar, de hacer tiradero y, lo más patético del asunto, es que también dejará de pensar y de ser él mismo: sus sentidos dejarán de tener importancia, su creatividad se almacenará en el sótano de los trebejos y su vida será tragada por la vida y por quienes aparecen en la televisión. Pronto los valores de la familia ya no tendrán sentido; la violencia y la codicia serán sus mejores aliados. Sin embargo, existen ciertos programas que nos hablan sobre lo que somos, documentales que nos hablan y explican el origen de la humanidad, el universo y su contenido; estos documentales nos enseñan a descubrir y nos estimulan el apetito del saber. También las leyendas y los cuentos son programas creativos que nos incrementan la actividad mental

Cuando el niño ya tiene bien enajenado el cerebro, no sabe qué hacer consigo mismo; sin la televisión no sabe jugar y todo le aburre, le costará trabajo socializar con otros niños por su conducta violenta y su poca capacidad de concentración. Pero si los padres son los primeros atrapados en la enajenación televisiva, no hay nada que se pueda hacer más que disciplinarnos y poner una determinada hora para mirar todos juntos la televisión.

Cuando se ha tomado el hábito de la lectura, la televisión toma un segundo término. Sí existe la pasión por ver la caricatura preferida, pero ya no la adicción de enchufar la mirada en la pantalla día y noche.

Pero primero ustedes deben estar preparados para conocer el camino, para cultivar los vergeles del alma.

¿Qué hacemos con la televisión?

De los 2 a los 18 años, los niños pasan cuando menos 16.5% del tiempo viendo TV.

Recomendación: No encender la televisión sin saber lo que van a ver. Y es mejor estar cerca para comentar los programas, ya sean caricaturas, documentales, concursos, películas etcétera. En fin, no se recomiendan las telenovelas para niños, incluso para adultos, porque alejados de la realidad ahí se plasman todas las tragedias del género humano, acentuadas por los defectos como son las intrigas, los celos y las ambiciones, y esto se le pude hacer normal, cuando no es más que la ficción de sueños frustrados de una realidad falsa. La violencia como asesinatos, violaciones, alcoholismo y drogadicción plasmadas en las películas, tampoco suelen traer buenos mensajes. Nuestra sociedad ya tiene demasiada violencia como para enfatizarla en el hogar.

Acostúmbrese a escuchar la radio, ya que estimula la imaginación y la creatividad. En Radio Universidad existe *El rincón de los niños*, un divertido programa donde ellos participan. La radio tiene buenos conceptos infantiles, y también para jóvenes, sobre todo en fines de semana. No importa qué estación escuche, pues la radio provoca la acción del pensamiento en el ámbito de la reflexión.

No es aconsejable ver la televisión a la hora de las comidas, pues hipnotiza e impide la convivencia familiar.

Es una buena sugerencia grabar programas de radio o televisión para no estar sujetos a los horarios de los medios de comunicación, y sobre todo erradicar de su vida los comerciales ya que estos suelen frustrar al niño por no poseer todo lo anunciado.

Si como adulto no tiene tiempo para leer, déselo y notará que en poco tiempo su criterio cambiará. Lleve siempre en su bolsa un libro, ya sea de historia, poesía o algunas reflexiones. Trate de leer siempre los editoriales de los periódicos. Si lleva a sus hijos a la biblioteca, escoja un buen libro y siéntese tranquilamente a leer por lo menos media hora al día. Y pronto no necesitará de las intrigas, las envidias, los celos y rencores que tanto se manejan en la telenovelas; fomentará el interés en aportar algo positivo en su familia y en el medio que le rodea.

No escuche la televisión como si fuera fondo musical, para eso mejor seleccione una buena música. Es muy importante ir educando el oído desde pequeños.

Recomendamos para los niños canal 11, canal 22, Discovery Channel y Learning Channel, existen buenas caricaturas que no son violentas, en las que se satiriza a la sociedad o básicamente de relaciones humanas.

Es bueno ver y comentar con nuestros hijos las noticias, así les crearemos un juicio.

Fomentemos niños brillantes, capaces de corregir nuestros errores y de dar soluciones para su futuro, manteniendo un espíritu de creatividad y asombro por siempre.

Es importante estar al día en lo que ven. Hay videos musicales que verdaderamente trastocan sus valores; hay que verlos para poder tener puntos en común, pero si es posible hay que abrirles otros caminos, como el deporte, la lectura, la ciencia o el arte para que no se atoren en la etapa de los videos de música moderna.

LIBERTAD. Facultad que tiene el hombre de obrar de una forma o de otra, de no obrar. Estado del que no es esclavo. Condición de las personas no obligadas al cumplimiento de ciertos deberes. Esfuerzo y ánimo para hablar lo que conviene

Canalizando la energía

Para que exista un trabajo que dé frutos, se necesita tener interés, el cual nace con el amor a una determinada materia, o en el juego nos damos cuenta de lo que nos gusta o nos disgusta. Tratar de forzar al niño a que realice determinada actividad nunca es bueno. Cuando los niños observan que los padres tienen interés en las artes, las ciencias, el deporte y sobre todo que le dan un sentido positivo a todo lo que hacen y le dan énfasis al descubrimiento de la vida en general, ellos crecerán con ese interés por igual.

Motivación fundada en la creación

Los niños tienen una energía sobrehumana capaz de volver loca a cualquier madre. Pero existe la canalización de la energía por medio del trabajo; nuestra misión es inculcarle al niño el amor al trabajo por medio de la práctica y que ellos vean el resultado y lo que son capaces de hacer por sí mismos.

Con la motivación le encontramos un sentido creativo al trabajo y posteriormente a la vida.

A los adolescentes se les puede despertar el interés por la lectura, estimulando su sensibilidad con libros donde se eleven los valores, la sinceridad, la honestidad y el deseo de crear. La novelas de aventuras y de romance también se recomiendan.

EL SILENCIO, LA OBSERVACIÓN Y LA MENTE CREATIVA

Este capítulo está dedicado a la autoestima y la seguridad del niño en el transcurso de su desarrollo físico e intelectual.

No importa en qué escuela estudien. A temprana edad, los niños no necesitan saturarse de conocimientos; lo más importante es formarles buenos hábitos, disciplina, buenos sentimientos. La capacidad de discernir entre lo que está bien y mal, una conciencia abierta, la capacidad de aceptar retos y aceptarse a sí mismos y la libertad para ser y conocer sus límites, entre otros.

Un ser humano seguro de sí mismo nunca fingirá ser alguien que no es, nunca tratará de humillar a nadie ni presumir ni ridiculizar a los demás; alguien seguro de sí mismo buscará opciones para ayudar, para aprender de todos y de cualquier circunstancia, y sobre todo tendrá conciencia de que nadie es más ni menos que otros, brindando la ayuda necesaria para quien lo necesite.

Igual que como corregimos los errores de nuestros hijos y les inculcamos buenos hábitos de higiene, respeto y alimentación, es importantísimo enseñarles a cultivar su autoestima y un amor puro a ellos mismos, enfatizando y elevando sus virtudes. Igualmente corrigiendo los nuestros y mejorándonos día con día, pues de ahí radicará el desarrollo de su salud mental y la fortaleza de su voluntad frente a la vida.

Silencio

En la meditación va integrado el silencio, éste nos da paz para evocar la reflexión, tan importante en el desarrollo mental del individuo. Hay que fomentar este hábito en los niños y sobre todo en nosotros los adultos.

En el corazón de nuestra conciencia hay libertad cuando somos capaces de penetrar en ese sitio, al momento que lo deseemos, encontraremos un refugio, que nos alimentará de creatividad y estímulo para el trabajo, sabiendo perfectamente cuáles son nuestras ideas y convicciones. En la vida diaria tenemos los sentidos abiertos y sensibles como los pétalos de una rosa, siempre alertas, percibiendo, captando, escuchando y observando.

Toda esta sucesión de experiencias nos dan conocimientos que, archivados y procesados en nuestra mente, nos dan pautas de comparación acerca de las actitudes, reacciones y ausencias de la especie humana.

Observar es algo más que ver; es ese mirar con la reflexión que nos lleva al análisis y al juicio, es descubrir algo más profundo de lo que comúnmente se ve, es encontrar la esencia del hecho o el ser, es conocer con bases el fenómeno de la acción y de la reacción.

Los niños en sus trabajos no hacen batidero, ese es un concepto que los adultos imponemos. Sus obras en cualquier técnica son los destellos de su interior, cualquier cosa que realicen hay que estudiarla porque es la voz de su más íntimo ser.

Cuentos, sueños y canciones

El Tao del tiempo, de Diana Hunt y Pam Hait, nos habla de la desaceleración: "el mejor momento para cambiar de conducta cuando nos concentramos más y con más libertad por no tener influencias o interrupciones externas es antes de dormir, introduciendo la experiencia en la vida onírica inconsciente." Una actividad recreativa, amorosa y relajante es contarles a nuestros hijos cuentos o leyendas antes de dormir; ésto los lleva por las veredas del sueño hasta la profundidad de su ser. Muchas veces emergen imágenes o reflexiones sobre sí mismos, o simplemente fluyen los sueños con más naturalidad.

Cuando sus hijos despiertan es importante y divertido, para desarrollar la subconciencia, que usted les pregunte lo que soñaron, lo que vieron, sus impresiones sobre el viaje fantástico que es el sueño. Y así ir hilando realidades, experiencias y sueños para entenderse mejor con el fin de crear cuentos, intercambiar ideas y convivir. Hacer un diario onírico, donde escribimos nuestros sueños, es útil y divertido. Nos ayuda a interpretar los signos y significados del inconsciente y, por otro lado, es un espacio de expresión donde escribimos y pintamos lo que nos sucede. Esto cumple una doble misión, que es la de transcribir lo que tienen dentro, aprender a distinguir el mundo onírico de la realidad y ejercer la escritura y la lectura escuchando los susurros de su voz interior.

Como padres y maestros fomentemos la lectura

Se requiere del apoyo de las comunidades escolares para poder fomentar la lectura, ya que es sabido que la mayoría de los menores están expuestos a los mensajes de la televisión u muy poco a la lectura de calidad y a otras actividades enriquecedoras, como la contemplación de obras de arte. Se conoce que del nacimiento a los 18 años los seres humanos pasan únicamente 9% del tiempo en la escuela, por lo que el fomento a la lectura debe apoyarse también con programas a desarrollar en casa.

Recordemos que el tiempo de ocio es oro. Es muy fácil que el niño o adolescente quede atrapado por los videos musicales. Imponernos, enojarnos o desenchufarles el aparato sólo sirve para crearles fijaciones; hay que abrirles opciones, nuevas actividades, invitarlos al deporte, las caminatas, los juegos de mesa o juegos donde se involucren y les permitan utilizar la mente, el cuerpo, la creatividad y sobre todo crecer sanamente.

SINTAXIS. Parte de la gramática que enseña a coordinar y unir las palabras para formar las oraciones y expresar los conceptos

Niños diferentes

A los niños con síndrome de Down tenemos la obligación de tratarlos exactamente igual que a los demás, claro que con una superior dosis de paciencia.

Ellos aprenden lo mismo pero lo procesan de otra forma y con un poco más de tiempo. Si los tratamos como seres de lento aprendizaje, estaremos desperdiciando sus capacidades y dejaremos estériles interesantes veredas que hay en ellos. Además incrementaremos los caprichos y los enseñaremos a ser inútiles. Su principal problema son las mamás y papás, pues con sus inseguridades y dudas, tienen miedo de dejarlos solos; cometen el error de hacerles todo y no enseñarlos a hacer las cosas.

Ellos son tiernos, no tienen conciencia de lo que es el rencor, tienen una inocencia peculiar que hay que estimular para que plasmen lo que tienen en el cerebro. Tienen otras percepciones, y hay que integrarlos como seres normales.

El grado de retraso y el avance cognoscitivo varía. Hay niños que nacen con un retraso superior pero que se les ha procurado cuidado y amado desde pequeños. Ellos progresan rápidamente o encuentran alguna actividad que los hace felices, pero hay niños que al momento de nacer se les encierra, golpea, critica y esconde. La vida de estos niños está destinada al olvido. Si se les atiende desde pequeños, los podemos enseñar.

En Telaviv, Israel, enseñan a los niños con síndrome de Down a ser enfermeros, porque sus cualidades son adecuadas para ese trabajo.

Podemos hacer talleres de lectura especiales, dependiendo de su nivel mental.

Primero debemos jerarquizar y hacer una ligera evaluación. Si el grupo de niños es mayor a los diez años pero su nivel es de cinco años, los libros que se usan son ligeros, con muchas ilustraciones, con dibujos muy coloridos para que puedan sentirlos y perderles el miedo. Los libros de canciones y versos sencillos les fascinan y son fáciles de aprender.

Algunos saben que son diferentes, son chantajistas, engañan, esconden cosas, hacen travesuras y hacen berrinches; si no se les hace caso como a cualquier otro niño, se levantan solos y siguen sus actividades artísticas. Pero hay que procurar que no se haga daño a sí mismo. Hay que recordar que todos son diferentes y no hay patrones para tratarlos igual.

Les encanta escuchar música y bailar; estas actividades físicas son anteriores a la pintura o la lectura, pues así llegan más relajados y se les facilita concentrarse.

En un taller de pintura es buena terapia que cada niño tenga su actividad; muchas veces nace de ellos cómo lavar los pinceles, recoger los trabajos, acomodar las pinturas... Necesitan sentirse útiles, que les pongamos atención. Sienten cuando los escuchamos, cuando los observamos, y se alimentan de la sustancia invisible que es el amor. Son metódicos, les gusta pertenecer a algún grupo, tener una actividad propia, ser los encargados de una sola actividad y especializarse en ella.

Es necesario enfatizarles la lectura, pues ésta es una fuente donde encontrarán mucho amor y valor para fortalecer su autoestima y proyectar lo que quisieran ser.

La actitud mental de los padres es esencial. El nacimiento de un hijo así no es una tragedia, es una lección dirigida a la comprensión; no es justo negar o huir, hay que afrontar y qué mejor que con arte, canciones y ejercicios físicos.

Niños ciegos

A los niños ciegos les encanta la lectura, ya que por medio de ella descubren el mundo. Para estos niños, es preciso usar libros con mucha descripción en los detalles, semejante a los ejercicios de visualización.

Estos talleres pueden combinarse con música y dramatizaciones para un mejor entendimiento.

Existen libros con sonidos comunes, como la caída de un árbol, un claxon de coche, el agua hirviendo, etcétera, en los que podemos leerles el significado después de escuchar sonidos. Existe un extenso estudio de que niños ciegos murieron y al regresar a sus cuerpos describieron con detalle lo que estaba a su alrededor, su cuarto, su casa, su familia. Podemos apoyarnos en este ejemplo y para leerles describiendo, sintiendo, con sonidos experimentales y texturas...

LIBRO. Reunión de muchas hojas de papel. Reunión de ideas y pensamientos escritos coherentemente y en orden

La misión de un padre es sembrarle al niño en sus venas el concepto de amor. Esta sociedad esta sentada sobre las bases del abuso, la indiferencia y el egocentrismo. El odio gruñe en las entrañas de los hogares. No podemos vivir sin sinceridad ni autenticidad.

Los niños no son ni ciegos ni tontos, ellos escuchan todo, observan todo y tienen un sentido agudamente desarrollado que les hace percibir todo puro y crudo, aunque nosotros les mintamos. Hay que luchar por hacer nuevas generaciones mejores.

El primer obstáculo para su desarrollo somos nosotros y el sistema educativo mutilado y cuadrado. No es necesario seguir esquemas caducos, ya que la educación camina de la mano con la creatividad. Si no nos funcionan los métodos tradicionales hay que indagar nuevos, no le temamos al desafío porque es de ahí principalmente de donde salen los descubrimientos.

Como nos encontramos cautivos por nuestros temores, reprimidos y ahorcados por las frustraciones, deseando ser lo que no somos, seguimos pisando las llagas del ayer, llevando una vida clandestina, escondiendo nuestras imperfecciones, dando una cara falsa ante nuestros hijos, cuando ellos necesitan de unos compañeros sinceros, no padres autoritarios y regañones que se creen los sabios del universo.

La disciplina y el orden son indispensables, no así las limitaciones. Éstas son las reinas de la tierra, por eso no nos atrevemos a dar un paso que no esté descubierto anteriormente.

No hay que olvidarnos de nuestras debilidades y errores, que de eso es de lo que se aprende. El ejemplo de la palabra y el hecho son distintos, como la luz y la oscuridad: vale más un hecho real que mil palabras falsas. La hipocresía es tan nociva como el robo y la mentira, y es algo tan presente en la vida de los adultos, que no lo vemos mal.

De repente nos sentimos muy solos en esta humanidad, viviendo alrededor de mil rostros; sin embargo, es tan difícil encontrar una mirada sincera, una sonrisa cálida. El raquitismo espiritual y afectuoso afecta más que la destrucción atómica.

Las canciones

Así como escribimos los cuentos de nuestros sueños, igual podemos contárselos a nuestros hijos con canciones. Las canciones relajan la musculatura, provoca mejor irrigación sanguínea y, sobre todo, nos llena de alegría el corazón. Para las grandes alteraciones existen terapias musicales que consisten en curar por medio de la música, regenerando los átomos del cuerpo. Existe la músico-terapia, melodías grabadas especialmente para eso o también libros especializados en la materia.

Recordemos que el contacto físico con nuestros hijos, como los abrazos y los besos, también es una forma de alimentarlos emocionalmente. El afecto nutre las membranas del alma.

La terapia musical se utiliza para acercar al niño al silencio, pero el niño necesita cierta dosis de silencio para conocer la voz de su corazón y la lógica de su voz interior. Necesita su intimidad para desprogramarse, descubrir sus ritmos, sus verdaderos intereses, sus métodos para ser y hacer lo que le nace.

El silencio nos lleva a la quietud, a la aceptación y a la revelación, sin necesidad de cuestionamientos. Si observamos a un niño, lo escuchamos y lo dejamos ser, descubriremos que tiene mucho que dar, de diferente forma de como lo conocemos. El problema comienza cuando el adulto lo integra a un sistema de ser. Dejemos atrás la soberbia del raciocinio y descubramos la lógica de su ser; probablemente de esa forma aprendamos la grandeza de las gamas del ser.

Estamos acostumbrados a los cuadrados y ya no razonamos si existen posibilidades nuevas. El bloqueo mental obstruye el verdadero desarrollo y nos encamina en la rutina de la programación arcaica que hasta ahora no nos ha llevado más que a la destrucción de la humanidad.

Las nuevas generaciones vienen con una genética distinta, una información de alianza y congruencia, de armonía y paz, y cierta dosis de magia y misterio. Pero el contacto con la sociedad y los medios los confunde, inculcándoles competencia, destrucción, rivalidad, ira, venganza, y todas aquellas características que nublan su carisma y su poder creador.

Tanto ruido nos hace perder el contacto con la verdadera realidad. Nuestra realidad, la inmortal e intemporal, no la tomamos en cuenta.

Cierto día preguntaron cómo hay que vivir: ¿pensando en el pasado o mirando al futuro? Hay que comprender que ni en el pasado ni en el futuro, sino hay que vivir el presente pues es lo único que tenemos en las manos.

El pasado nos da conocimientos, sabiduría, para no volver a cometer los mismos errores, y el futuro nos da la esperanza de ser cada vez mejores y perfeccionarnos, visualizándonos positivamente para transformarnos positivamente.

En cierto versículo Kempis nos dice: si cada año erradicáramos un vicio y nos posesionamos de una virtud, en diez años conoceríamos la plenitud y seríamos felices.

Somos tan complejos que nunca acabamos de evolucionar.

Al niño se le motiva con el presente, haciéndolo descubrir por sí mismo el universo que existe en su interior; ésta es una misión pura, necesaria e irreversible.

En el silencio se eterniza su instante, purificando su visión. En el silencio el mecanismo del pensamiento trabaja mejor y es cuando se despierta el interés por leer, descubrir e investigar por qué nos dejamos fluir, y entonces liberamos todos los obstáculos imaginarios que nos imponemos al ingerir diariamente nuestra dosis de neurosis. Al crecer, el niño sabrá cómo transformar su soledad en creatividad, trabajo y recreación.

Ejercicios para sensibilizar el oído

Si el niño está jugando solo, es nocivo ponerle la televisión como música de ambiente, porque esta información consumista, agresiva y tóxica entra como mensaje subliminal por sus inocentes oídos, volviéndose una amenaza para la familia y la sociedad, pues suficiente tiene con el ruido de los coches, aviones y gritos que circulan en la calle.

Además, el constante ruido se convierte en mecanismo de evasión, y con el escándalo es más fácil esconder la voluntad e incrementar los caprichos para que de todo logre su cometido.

Recordemos que el silencio enseña a pensar, aquieta los sentidos, canaliza la energía y tonifica la seguridad en sí mismo. Tal vez por eso los grandes profetas tenían de rigor, en una etapa de su vida, que hacer un recorrido por el desierto, pues ahí ante todo prevalece el silencio. Y las batallas más sangrientas, recordemos, son las que se hacen dentro y no fuera de nosotros mismos.

Quien sabe pensar por sí mismo no necesita una larga lista de doctorados para saber qué hacer productivamente con lo que sabe y consigo mismo.

Si no practicamos la meditación, por lo menos tenemos que acostumbrarnos a media hora de silencio en el día, para nosotros y para nuestros hijos. Esto nos ayuda a ser mas dueños de nosotros mismos. Este hábito nos ayudará a la concentración para el mejor entendimiento de la lectura.

INTELIGENCIA. Facultad intelectiva. Facultad de conocer. Conocimiento, comprensión. Habilidad, destreza y experiencia. Sentido en que se puede tomar una sentencia, dicho o expresión. Entendimiento. Sustancia puramente espiritual

EJERCICIOS DE IMAGINACIÓN Y TÉCNICAS DE CREATIVIDAD

Los talleres de lectura son para todos

La dinámica de un taller de lectura consiste en el ejercicio de la mente, participar en el juego de las palabras, aprender a convivir intelectualmente con compañeros, además de la responsabilidad de la posesión y en el préstamo de un libro. Se dice que la actividad creativa alcanza altos niveles de plenitud mental e incrementa la salud física.

En el taller de estímulo a la lectura, cada alumno deberá traer un libro. Considerando que los grupos no deberán rebasar los doce alumnos, lo ideal es de ocho. Cada libro deberá leerse individualmente; el tiempo lo determinarán los maestros que lleven el control del grupo. Para los más pequeños lo ideal es de 5 a 15 minutos, este tiempo también es válido para los de preescolar; en primaria las lecturas deberán ser mas largas, pero siempre manteniendo la atención del público.

Los talleres de representación son muy divertidos, ya que cada lector después de leer el mismo libro deberá interpretar un personaje, actuando como lo haya entendido.

Hay talleres en que los niños son muy pequeños y que por lo tanto el maestro debe leerles el libro.

Antiguamente los únicos que tenían acceso a los libros eran los monjes, por eso existía tanta ignorancia y tanta manipulación social.

Libros para bebés

Hoy tenemos ese privilegio frente a nuestros ojos y no lo vemos. Nosotros debemos darles libros a nuestros bebés, para que se vayan familiarizando con ellos. Los libros de hojas anchas a prueba de agua son formidables. Usted puede ver a un bebé de nueve meses entretenido con el libro hasta una hora.

Hay talleres en secundaria, con excelentes líderes en motivación, donde cada alumno lee un libro a la semana. Posteriormente se van intercambiando, hasta lograr que todos lean todos los libros. Las lecturas podrán compartirse: cada alumno leerá un párrafo.

No es necesario que los talleres se hagan en aulas, los talleres al aire libre proporcionan excelentes resultados.

Al término de cada libro se hace un breve cuestionario para comprobar el aprendizaje. Al principio vacilarán y dudarán pero posteriormente, el alumno va tomando seguridad en sí mismo y elimina la vergüenza para expresar su entendimiento e interpretación de la lectura. Una redacción sencilla para los niños de primaria, es importante para que vayan aprendiendo a expresar por escrito lo que entendieron. En secundaria y preparatoria, esta redacción deberá ser de una cuartilla como mínimo; pero hay que enfatizar que lo más importante no es lo extenso sino lo legible.

Oxigenación cerebral

La neurolingüística dirigida a los niños es una ciencia para la activación de los dos hemisferios del cerebro por medio de ejercicios. Algunos la llaman brain gym, en lo personal la llamo oxigenación cerebral porque tiene como esencia el yoga y el fin es despertar los sentidos dormidos del cerebro, para una mayor agilidad y destreza mental y física y tranquilidad emocional. También tiene como finalidad corregir la pereza mental, el agotamiento mental, la escritura y el entendimiento de la lectura.

Las canciones son excelentes sinfonías para el alma y ejercicios elementales para la mente; las canciones relajan la musculatura, provocando una mejor irrigación sanguínea; sobre todo, llenan de alegría el corazón.

SEGUNDA PARTE

CONSEJOS Y TALLERES

Manual de arte infantil

En seguida hay un breve manual para hacer talleres variados, que podrán ser aplicados en cualquier centro educativo o en casa y la meta es entretener, educar, convivir y educar a los niños de forma activa, recreativa y alegre, saliéndonos de los esquemas establecidos para dejar viajar a la imaginación y formar buenos hábitos de bienestar individual y social.

Guía de actividades para los más pequeños

Algunas actividades que ayudan para que el niño pueda experimentar y para que día con día vaya encontrando un placer en los que a futuro serán los temas que le interesen: arte, matemáticas, ciencia, historia arqueología, deben irse presentando según veamos que pueda ya realizarlas o intentarlas. Jamás debemos forzar una situación. Si el niño no tiene interés en la actividad no es que no quiera hacerlo, sino que no está listo para ello. En el momento en que esté listo, en ese instante él la pedirá, disfrutará y realizará con gusto.

Mientras nosotros se lo permitamos, el bebé explorará sin parar; pero en cuanto nosotros vemos que "ya creció", creemos que las actividades deben ser "muy serias y formales", sentaditos y con libretas, lápices, calladitos, sin gritar, sin salirse de la raya, mira qué batidero hiciste, eso no es arte, no hables ni grites. Ese es nuestro error, que cometemos sin percibirlo. El juego nunca debe terminar, hay terapias que tienen por finalidad sacar al adulto de su neurosis por medio del juego.

Las etapas anteriores son para los niños en los primeros años de vida y es lo que conocemos como la primera etapa y la llamamos "la primera infancia". Requieren del movimiento y del habla para aprender mejor; en estas edades estarán en casa o en centros de desarrollo infantil, en el jardín de niños o apenas iniciando el primer año de la primaria; son todavía muy pequeños, no hay que menospreciar sus capacidades ni acelerarlos en sus procesos evolutivos, hay que respetarlo tal cual son, con sus muy peculiares necesidades.

Algunas actividades que sirven son las siguientes:

1) Dibuja, pinta, garabatea en hojas muy grandes (pliegos completos de papel estraza, revolución, américa, rollos de manila o papel craft). Emplear solamente crayolas de tamaño más grande que se pueda o plumones gruesos de base de agua, pintura tempera con brochas gruesas de ½ a 4; pueden usar pizarrones.

No se recomienda usar: libros de pintar, cuadernos de cuadrícula o rayados, lápices de colores, lápices o plumones delgados que los limita.

Si empiezan a querer escribir su nombre o cualquier cosa hay que dejar que lo intenten solos. En ese caso, sólo poner una muestra suficientemente grande para que como puedan la copien. No es necesario hacerles correcciones, lo que importa es lo que hagan por iniciativa propia. Ya llegará el momento de corregir la ortografía y caligrafía.

Cuando el niño haga un dibujo, aunque todavía no decodifique el alfabeto, podemos escribirle en su dibujo su nombre, así como, antes de que pinte, dejar doblado un espacio en blanco para que al terminar nos dicte lo que él quiere respecto a la obra. No sabe decodificar, leer ante los ojos de los adultos, pero se va dando cuenta que todo puede expresarse o explicarse por medio de la palabra escrita.

2) Jugar libremente con masa o barro para experimentar y a la vez, adquirir una buena coordinación de los músculos que después usará para escribir. Poco a poco se les pueden dar herramientas de trabajo como rodillos, moldes, tijeras sin filo, exprimidores de plástico para limones, máquinas para hacer tortillas, etcétera. Observe cuanto tiempo pueden concentrarse en esta actividad.

Al estar modelando, los niños pequeños sostienen monólogos, y una vez más se está haciendo uso del lenguaje en esta actividad. Esa es nuestra meta para preparar lectores.

3) Rasgar papel o estrujarlo, doblarlo y pegarlo. Podemos así evitar hacer: planas de palitos y bolitas de papel que a veces les aburren; además con estas actividades también ejercitamos los músculos.

4) Contar cuentos y hojear libros. Los adultos debemos contarles cuentos todos los días a los menores. Si queremos que amen los libros, debemos nosotros mismos darles su lugar leyéndoles historias llenas de emoción y luego permitirles que escojan y tomen los libros de su preferencia entre sus manos. Éste es el verdadero inicio de la lectura, no el que reconozca las letras o repitan de

memoria el alfabeto o que decodifiquen lecturas absurdas que no les interesan, como "el pollito tito"...

Todos los días podemos leer canciones y rimas, procurando corregir errores gramaticales y de pronunciación, sin abusar de las correcciones.

Debemos estimular y ampliar el vocabulario al platicar todo el tiempo con los niños sobre lo que sucede día con día. Esto ayuda también a una mejor estructura del lenguaje. Es sumamente fácil, podemos aumentar su vocabulario al repetir con mas detalle los comentarios que ellos hacen agregando adjetivos y descripciones más complejas.

Permitir el juego con bloques de madera y legos grandes; armar rompecabezas grandes de madera y pocas piezas. Al trabajar con este tipo de material, lo que se logra es que el cerebro maneje volúmenes y espacios tridimensionales; una mente con esa capacidad podrá leer con facilidad.

No es conveniente memorizar nombres de colores, de figuras geométricas, días de la semana, meses del año y enseñar a "leer" poniendo al niño a memorizar el nombre de las letras y a decodificar una por una, eso vendrá después.

Actividades importantes para la independencia y coordinación del niño

Los niños aprenden a ayudar en la cocina: picar, rebanar, rayar, amasar, mezclar, batir, poner la mesa, limpiar con trapos, lavar trastes.

Podemos hacer letreros de los utensilios de cocina, nuevamente para que se vayan dando cuenta de que esos garabatitos tienen un significado.

Hay que tener a la mano revistas y libros con recetas para que sepan que la lectura también sirve para cocinar.

Los juegos simbólicos los ayudan a manifestar sus emociones y sentimientos. Debemos darles la oportunidad de jugar roles tales como la casita, la escuelita, el doctor, la mamá y el papá. Los niños pueden crear y vivir fantasías de esta manera y también aprender a resolver sus problemas. Los cuentos y novelas son exactamente eso, representaciones literarias de la vida cotidiana.

Bañarse en tina es reconfortante y les permite tener sensaciones diferentes a las del resto del día.

Tanto en el salón de clases como en casa debe haber carteles hechos por los niños (con poca o nada de ayuda del adulto) en los que se indiquen las reglas establecidas previamente por todos. Estos carteles deben tener muchos dibujos y pocas letras. Las responsabilidades de los menores también pueden quedar plasmadas de esas manera.

Escribir historias a partir de las vivencias de los niños resulta excelente para fomentar la lectura. Simplemente tenemos que usar un papel grande en el que nos dictarán la secuencia de las vivencias y luego ellas podrán ilustrar cada frase. Si las leemos seguido pronto se interesarán por escribir más historias.

Deben empezar a usar mapas de carreteras y de la ciudad. Eso también es leer.

Cuidar y observar mascotas: para formar hábitos básicos de responsabilidad y de respeto hacia la biodiversidad.

Cuando adquirimos nuestras mascotas también conseguimos manuales o libros que nos instruyan sobre su raza y sobre sus cuidados. Los niños se interesarán en leer todo sobre su mascota.

Hacer un buen uso de equipo tecnológico como el interactivo, como computadoras, seleccionando la paquetería educativa adecuada para sus hijos. Recordemos que los buenos paquetes

educativos van al ritmo de cada niño, son autocorrectivos y dan oportunidad de que el niño se
sienta útil y exitoso; además es una tecnóloga que
deben conocer y manejar sin problema alguno.

Experimentar libremente con agua, arena,
semillas en una caja grande de plástico tipo guacal.
Podemos intercambiar cada vez que sea necesario
materiales para que manipulen a su gusto; a veces
agua y jabón para hacer espuma, o colorantes
para alimentos para hacer agua de colores; otras
veces le podemos poner arena para que con
envases y palas disfruten de esa sensación; las semillas deben ser de todo tipo para que las conozcan y agrupen.

Hacer experimentos que vengan en libros o
revistas. Aprenderán a leer instructivos y seguir
los pasos adecuados para poner en funcionamiento el experimento.

Todos los niños deben tener su propia biblioteca.

La etapa de las operaciones formales

La lógica rige la etapa de las operaciones formales de los 11 años a la adolescencia con estructuras lógicas del pensamiento tales como probabilidad y casualidad; las estructuras cognoscitivas alcanzan la madurez. El razonamiento está en su máxima expresión.

Cuando un menor pasó adecuadamente por la etapa de las operaciones concretas, a través de actividades tangibles del "AQUÍ Y AHORA", es decir de su presente inmediato, logrará arribar a la siguiente etapa exitosamente. Adquirirá entonces la capacidad de introspección (poder examinarse y analizarse interiormente) y de reflexión, y conseguirá un pensamiento hipotético deductivo (es decir, hace suposiciones y logra deducir la consecuencia) o científico inductivo, o sea, tener un conocimientos del cual se tiene certeza al haberlo investigado y va de lo particular a lo general. Y reflexivo abstracto (es decir, el poder pensar sobre algo determinado de una manera que no es concreta; por ejemplo, la esencia de las cosas: al pensar en un planeta no piensas en un determinado astro que conoces, sino en las propiedades y características del universo en general).

El saltar etapas sin recorrerlas adecuadamente, no forma jóvenes más inteligentes, es mejor pasar cada etapa con solidez y como la madurez del niño la vaya pidiendo

Como el niño joven es ya cooperativo, autónomo y muestra voluntad propia, las actividades que se realicen en casa y en la escuela y en la vida diaria y cotidiana deben planearse y organizarse respetando las decisiones del joven, pero siempre, teniendo la responsabilidad y el cumplimiento como punto de partida. Una agenda o calendario ayuda a no fallar en el cumplimiento de las actividades.

Actividades para los jóvenes

A) Dibujar y pintar con todo tipo de color y tamaño de hojas. Emplear varios materiales tales como crayolas, plumones de base de agua de varios tamaños, pintura témpera, lápices de colores, gises y acuarelas. Debemos fomentar que escriban historias y hagan caricaturas propias. Hay que evitar que copien patrones ya establecidos.

B) Al trabajar libremente con masa y barro seguramente, les hará más creativos y querrán emplear herramientas, como rodillos, moldes (podrán quemar sus piezas y hasta esmaltarlas).

C) Usar adecuadamente manuales e instructivos. Nosotros debemos tener la iniciativa de siempre leer direcciones e instructivos, de esa manera ellos buscarán por sí mismos, podrán ayudarnos a instalar algún aparato nuevo en casa siempre siguiendo los pasos adecuados. Por cierto, lo harán mas rápido y mejor.

D) Contar cuentos y leer libros. Todavía debemos motivarlos al comentar sobre cuentos e historias que a nosotros nos han interesado y también permitirles que ellos comenten con nosotros sobre sus lecturas. Es recomendable buscar en librerías y ferias del libro los adecuados para su edad.

E) Cantar canciones y rimas; contar adivinanzas y chistes.

F) Estimular y ampliar el vocabulario, al platicar todo el tiempo con sus hijos sobre lo que sucede día con día, ayuda a una mejor estructuración del lenguaje sobre todo en esta edad, a profundizar en sus emociones y sentimientos.

G) Usar diversos tipos de textos: directorios, diccionarios, enciclopedias, biografías, etcétera. Pongamos el ejemplo apoyándonos en textos especializados para que aprendan a usarlos de manera cotidiana.

H) Armar mecanos, hacer maquetas, armar rompecabezas de mayor tamaño y número de piezas. Los juguetes de construcción permiten que se utilice todo el cerebro al estar trabajando en tres dimensiones.

I) Cocinar, picar verduras, rebanar, rayar, amasar, mezclar, batir, congelar, hornear, poner la mesa, limpiar con trapos, lavar trastes. Puede escoger las recetas utilizando libros de cocina o revistas.

J) Auxiliar en casa y en la escuela para limpiar y ordenar: barrer, sacudir, acomodar, clasificar, ...

ayudar en casa es una forma de generar armonía en su medio ambiente

También auxiliar a la comunidad cuando es necesario, por ejemplo en los albergues dar auxilio o ir a leerles un cuento. Es importante alternar todos estas actividades con ejercicio físico en compañía de otras personas de la misma edad.

La concientización tiene distintos niveles de aplicación. Compartir y convivir con distintas clases sociales es muy importante; alternar sentimientos y explorar nuevas posibilidades de ser y hacer, es parte del crecimiento integral del ser humano

K) Dramatización. Permitir la puesta en escena de cuentos, poemas o pasajes musicales, elaborando obras de teatro que sean tomadas de libros o inventadas por ellos.

L) Los juegos de mesa tales como: domino, damas chinas, ajedrez, maratón, basta, cartas, etcétera, pueden jugarse en familia o en grupos pequeños en el salón de clase.

M) Cuidar y observar mascotas para formar hábitos básicos de responsabilidad y de respeto a la biodiversidad. Cuando adquirimos una mascota también podemos conseguimos manuales o libros que nos indiquen cómo cuidar de ellos, ya que es necesario tener manuales para saber cómo convivir con las mascotas y nos enseñen cuáles son sus necesidades.

N) Cuidar plantas, flores y árboles. Tener una sección de nuestra biblioteca que nos instruya sobre semillas, plantaciones, épocas, flores y frutos y a la vez, a aplicarlos en una pequeña hortaliza en casa o en la escuela, es excelente para el fomento a la lectura.

Ñ) Formar colecciones: monedas, timbres, piedras, insectos, cartas y libros raros es muy importante para la especialización de algún tema.

O) Saber usar el equipo tecnológico. Es necesario que se les enseñe con manual en mano cómo utilizar aparatos como la computadora o juegos interactivos. Al leer cómo funciona el aparato, el muchacho sabrá cómo manejarlo mejor.

P) Es excelente ejercicio hacer carteles y anuncios sobre sus responsabilidades tanto en escuela como en casa, y es muy creativo dejar que los decore solo. Generalmente nosotros debemos dar el primer ejemplo y después dejar que se explayen.

Q) Un interesante ejercicio son los talleres de redacción, donde los muchachos se unen comentando experiencias personales y después cada quien en silencio escribe cuentos, poemas, narraciones o incluso dramatizaciones sobre su experiencia personal. Esto ayuda a conocerse mejor entre todos y a sí mismos.

R) Investigación. Conocer los pasos para investigar, emplear textos sobre técnicas de investigación y siempre usar los libros, diccionarios, periódicos, enciclopedias y revistas para descubrir y profundizar en cualquier tema.

S) Hacer experimentos: usar libros o revistas que contengan experimentos para realizar en casa o en la escuela. Aprenderán a leer instructivos y seguir los pasos adecuados para poner en funcionamiento el experimento.

Todos los jóvenes deben tener su propia biblioteca.

Guía de actividades familiares para los fines de semana y vacaciones

Es muy importante salir al campo o visitar lugares arqueológicos. En cualquier estado de nuestro país hay riqueza cultural, pero siempre hay que llevar un libro que nos explique su historia.

Hay que asistir cuando menos dos ocasiones durante el año a conciertos de música clásica; es propia para todas las edades; en los fines de semana hay que visitar parques donde además de conciertos hay talleres de pintura, teatro guiñol y talleres de experimentos, así como música autóctona y rock; es necesario que conozcan de todo para formar un amplio criterio.

Espectáculos de danza clásica y contemporánea. Es cierto que parece aburrido a los niños ir a este tipo de lugares, pero es porque en cierta forma nosotros lo pensamos así, es importante que se vayan cultivando y sobre todo, que comprendan lo que el cuerpo humano es capaz de hacer.

Exposiciones de pintura y escultura en jardines y patios de museos en todas las ciudades de la república mexicana, que encontraremos generalmente sábados y domingos.

Obras de teatro y títeres. Los títeres expresan mucho de lo que los niños quisieran decir a los adultos pero no se atreven o no saben cómo hacerlo, así que estas funciones son para toda la familia.

Exhibiciones fotográficas. Es necesario que los niños sepan lo que el ojo de la cámara es capaz de ver y hacer y es bueno que en los viajes y excursiones lleven su cámara y comiencen a formar su álbum.

Cines clubes. Ya sea ir a algún cine cercano o una colección en casa, el buen cine instruye y deja buenas impresiones en la memoria.

Bibliotecas públicas. Hoy en día hay un sin fin de actividades en una biblioteca pública. Si no sabe qué hacer un sábado por la mañana y no cuenta con dinero, vaya a una biblioteca.

Visitar planetarios: Quinta Colorada en Chapultepec, Jungla Mágica en Cuernavaca, y Luis Enrique Herro en Zacatenco.

Ir a los zoológicos Chapultepec, Zacango, Africam y Zoofari.

Frecuentar museos para niños y jóvenes como el Papalote o Universum. Lagunas y volcanes, parques y reservas nacionales y estatales como las Estacas en Morelos, hacer una excursión por el Nevado de Toluca, explorar las veredas del Tepozteco, pasear por las lagunas de Zempoala. Subir montañas es una interesante experiencia de reto, relajamiento y conversación con uno mismo.

Hay videos educativos interesantísimos que podemos complementar con visitas y experimentos, para darles vida. También andar en bicicleta, patinar, jugar con pelotas y cuerdas. Pasear en caballo, ir a parques y lagos.

Las artes marciales y la natación (los niños deben saber nadar a los seis años). Todo deporte es sumamente productivo en esta edad.

Es importante que todas las actividades que realicen tengan nuestra supervisión. El tener límites y reglas les da seguridad. Posteriormente ellos irán conociendo, dominando y extendiendo su territorio y poniéndose con conciencia nuevas reglas... Al principio es necesario que respetan las que todos siguen en el juego. Cuando inviten a niños a casa es necesario que discretamente les escuchen y observen para supervisar los juegos y actividades. Al mismo tiempo que cuando vayan con sus amigos estén vigilados.

Todo esto alienta y fortalece, y más si se hace en compañía de la familia, además de ser un excelente ejercicio físico, emocional y espiritual.

LIBROS Y EDADES

Utilización del diccionario

El diccionario tiene muchos usos, pero en la lectura, el más importante es ir escribiendo todas las palabras que no entendamos en el texto y al final buscarlas para saber su significado. Un buen ejercicio para aprenderse bien el significado es tener una libreta de palabras desconocidas y al investigar su significado hacer un diccionario personal.

Bibliotecas públicas

En nuestro país contamos con la red nacional de bibliotecas públicas, que dan servicio a lo largo del país y casi todos los días del año. Tienen como meta ofrecer los servicios de consulta de libros para toda la población.

En las bibliotecas públicas podemos encontrar una sección infantil y juvenil, como padres y maestros podemos acompañar a nuestros hijos y leerles ahí cuentos, podemos mostrarles la gama de libros para que ellos escojan. Hay también préstamo a domicilio de aproximadamente diez días. Un interesante día de paseo, es llevar a los alumnos a bibliotecas públicas, enseñarles el universo que hay y aprender a consultarlos.

En casi todas las ciudades las bibliotecas ofrecen talleres de fomento a la lectura.

El año 2000 fue el año de la lectura y en todas partes del país se implantaron talleres o círculos de lectura, con sesiones de cuenta cuentos.

Bibliotecas escolares

La biblioteca escolar no requiere de salón especial, podemos tener repisas en cada salón, en la dirección o en una bodeguita lo importante es que cada salón cuente con su rincón de lectura en los cuales los libros podrán estar en canastos ofreciéndose como frutas o panes. No se necesitan más de veinte libros, ya que no estarán todos los alumnos a la vez en un rincón; un máximo de 8 personas en un rincón de lectura es recomendable. Los rincones deben tener también juegos de mesa y rompecabezas.

El espacio debe ser agradable; puede tener mecedoras y sillones o tal vez, sólo un tapete o algunos cojines.

Si hay estantes, los libros deben estar con la portada hacia delante para llamar la atención, los lomos de los libros no dicen nada a los niños; es mejor acomodarlos como si estuvieran a la venta.

Escoge cinco libro preferidos para cada grupo y que permanezcan ahí todo el año escolar. Los otros pueden cambiar cada bimestre o cada vez que sea necesario. Es mejor seleccionarlos con nuestros alumnos para trabajar con su interés

Bibliotecas personales

Todo niño, joven, madre y padre deben tener su propia biblioteca personal. Desde un bebé de meses hasta un anciano deberá tener cerca sus obras favoritas.

Es recomendable que adquiramos libros que permanezcan con nosotros muchos años y que leeremos una y otra vez. Las lecturas podrán venir en todo tipo de formatos.

La organización de una biblioteca: cuando las bibliotecas son enormes, con más de 15 mil volúmenes, se pueden clasificar bajo esquemas como el de Dewey. Cuando la biblioteca es pequeña, se recomienda una clasificación sencilla: se puede numerar cada librero con un número romano, cada estante o entrepaño con una letra mayúscula, cada volúmen del entrepaño con un número, dejando la letra minúscula para los nuevos volúmenes que agreguemos a determinado entrepaño.

La cinta adhesiva de colores puede ayudarnos a dividir o catalogar la biblioteca por temas. Por ejemplo: aventuras, en color rojo; ciencia ficción, morado; naturaleza, verde; etcétera.

En la escuela podemos marcar con otros colores el grado de dificultad de la lectura: blanco para bebés, rosa para los que empiezan a leer, azul cielo para los que ya saben leer, naranja para los que ya leen muy bien, etcétera.

Veremos cómo de ésta manera un libro puede estar marcado para que nosotros sepamos que donde va una cinta azul cielo indica que es para los que empiezan a leer, verde porque es de la naturaleza; tendrá también una pequeña etiqueta en el lomo: II-c-5, que indicará con el II que vas en ese librero (obviamente el librero también tiene un II), en el entrepaño marcado como c y que ocupa el lugar 5.

En la actualidad la mayoría de los sistemas educativos sólo se preocupan por nutrir el talento académico del menor, si logramos que también se nutran los talentos arriba mencionados, estaremos formando ciudadanos sólidos y sumamente responsables, investigadores capaces de buscar la información por sí mismos, de lograr aprender, conocer y realizar todo lo que se proponen.

Una regla básica para fomentar la lectura es que a la hora del descanso o recreo, los rincones o espacios de lectura siempre estén disponibles para que con toda libertad acudan a ellos. Tal vez no siempre lean, pero con hojear y compartir libros y revistas es suficiente. Muchas veces jugarán rompecabezas o algún juego de mesa, eso también es leer.

Jamás deben usarse las bibliotecas o el rincón de lectura para mandar alumnos castigados ahí. Todo lo relacionado con la lectura deberá ser un placer

Biblioteca en casa

Los padres son los primeros maestros de los pequeños investigadores innatos, y está en nuestras manos su evolución. Aunque no seamos universitarios, en nuestro hogar podemos construir mucho en el campo fértil de la mente. Para que un niño crezca sano, es necesario que también realice ejercicio físico y ejercicio mental. Los libros sirven para estimular las neuronas, son la llave de la gran puerta que separa la realidad de la fantasía, el tiempo de la eternidad, la muerte de la vida y la vigilia del sueño, enseñándoles qué el recuerdo y el olvido. Proyectándose en lo que desea ser y revelándole lo que realmente es.

Los libros encienden el mecanismo del cerebro, enseñándole a pensar por sí mismo, aprendiendo a solucionar sus propios problemas. También a extraer sus ideas. Es un método propio de pensamiento emergiendo de las profundidades de sí mismos.

No es difícil hacerse de una pequeña biblioteca. Si cada vez que vamos al supermercado nos detenemos en la sección de libros, veremos que hay libros de cuentos clásicos, historias, leyendas, matemáticas, arte, religión y ciencia, todo para niños, con hermosísimas ilustraciones. Los diccionarios no pueden faltar en la pequeña biblioteca; libros de sueños y mitología, porque el pequeño se identifica más con la fantasía que con su realidad.

Si coleccionamos un libro cada semana, en el transcurso de un año, tendremos una pequeña biblioteca, para que nuestros hijos pasen las tardes saboreando una buena lectura. Así, fortaleceremos su voluntad, acrecentarán sus buenos hábitos y será más fácil descubrir sus talentos y cualidades.

El orden en la biblioteca es indispensable. Sólo así la mente del niño se enseña a catalogarlos por temas o áreas. Al principio tendremos que ayudarlos, pero después, ellos solos lo harán y usted sentirá la satisfacción de enseñarles.

Hazlos adictos a la lectura

Utiliza la técnica de 15-15, que consiste en que durante 15 días seguidos, a la misma hora leas uno o varios cuentos durante 15 minutos. Puede ser el mismo libro para que lo asimilen bien, o mediante una votación elegir el de su preferencia. Eso les crea adicción. Es formación de hábitos. Una vez que pasen los 15 días ya no podrán de dejar de leer, pronto llegará el día en que por sí mismos busquen libros y los lean.

Sugerencias para un cuenta cuentos

a) Seleccione el libro de acuerdo con la edad y las inquietudes de cada grupo, por ejemplo, si es un grupo de maternal o preescolar es preciso que el libro sea corto con grandes ilustraciones porque es un reto mantenerles la concentración, deberemos dramatizar más y enfatizar el lenguaje corporal.

b) Relaciónate con la historia.

c) Familiarízate con el libro, ya que en todo momento lo debes tener en la mano, nuestra meta es que el libro sea el personaje principal.

d) Revisa que el libro esté en buen estado, si no hay que repararlo.

Si le estás leyendo el cuento a tu hijo, otros consejos son:

1) Para niños pequeños, como de maternal o preescolar, la historia debe durar entre 5 y 15 minutos.

2) Niños mayorcitos. Podrá ser un gran libro con letras más pequeñas y muchas ilustraciones, la lectura se podrá dividir en varias sesiones de 5 a 15 minutos. La dinámica diaria te marcará la pauta para ir aumentando el tiempo. Si los niños lo piden, la lectura puede llegar a durar más de 15 minutos, generalmente la lectura va acompañada de preguntas, esto deberá hacerse en orden para no perder la esencia del tema y caer en divagaciones que propician el desorden.

3) Es importante mencionar siempre el título y el autor, si tiene algunos datos extra también ayudará.

4) Si lo leemos en la casa, buscar siempre un ambiente agradable. Es bueno leerles antes de dormir, cerca de su cama.

5) Mantener siempre contacto visual, tanto con el niño, como de las ilustraciones hacia él.

6) Hablar de manera natural. No es necesario sobreactuar tanto, un toque especial en las distintas voces: suaves o lentas para tonos misteriosos, fuertes y vivaces para la alegría, en fin, eso es algo entre nosotros y nuestros hijos.

7) Debes anticiparte a las preguntas. Es muy importante que el niño se concentre. No es recomendable que interrumpa. Cuando el niño relea la historia habrá mucho tiempo para acarar las dudas.

8) Apóyate en las ilustraciones, mostrando los detalles y aclarando las secuencias.

9) Una vez terminada la lectura, deja que el niño examine el libro por sí solo, esta sensación lo enseña a cuidarlo. Si los libros se maltratan de tanto usarlos no importa, hay que enseñarles también a repararlos, los libros son para usarse.

Si estás contando a un grupo de alumnos los consejos son:

1) Para preescolar, la historia debe durar entre 5 y 15 minutos.

2) Para primaria, podrá ser un libro largo dividido en sesiones.

3) Menciona siempre el autor y el título.

4) Busca siempre una atmósfera armónica, todo lo relacionado con libros debe ser bienestar.

5) Mantén contacto visual.

6) Habla de manera natural, no sobreactúes, solo deja los tonos suaves, misteriosos, o fuertes para los personajes.

7) Debes anticiparte a las preguntas, buscamos que el grupo se concentre, no es oportuno que hagan preguntas, eso se dejará para una relectura.

8) Mantén el libro de frente y muestra las ilustraciones.

9) Apóyate en las ilustraciones, muestra los detalles y aclara las secuencias.

No hay que poner los libros en un pedestal, son para usarlos; si se maltratan, podremos hacer un taller de cómo reparar libros. Es necesario quitar el misterio velado que se les ha impuesto a los libros. Los niños deben identificarse, tener confianza de usarlos, examinarlos y manipularlos.

La misión de estas actividades es los niños aprendan a ser felices por medio de la creatividad.

La reverencia por la vida es tan importante como la respiración equilibrada; unión de mente, cuerpo y alma, no solamente en los oficios del arte sino en todas las actividades y en su desenvolvimiento interior y exterior. Para que esto suceda, hay que alentarlo para que le encuentren sentido a su existencia y nunca incumban en la paralizante frustración de la apatía y el aburrimiento. La actividad cerebral no cesa. Debajo de esas caritas llenas de luz existe un enorme potencial por descubrir.

Hay que enseñarlos a descubrir sus capacidades para resolver problemas, y a darse cuenta de que nada, absolutamente nada es imposible, y a pesar de cualquier problema no hay límite para seguir adelante en la vida, al igual que vencer obstáculos y tener una visión universal y polifacética de la vida.

Extirpando la visión obtusa y el criterio de censura, ataque y violencia, aprenderán solos a crecer sin necesidad de buscar guías que los mimen o contradigan en su camino, enseñándose a ser responsables de su existencia y por ende a ser felices, plenos y a dar sin condiciones.

Curar la neurosis de un niño es cuestión de liberarlo emocionalmente. Los niños no avanzan ni se desbloquean emocionalmente con teorías psicológicas; ellos lo que quieren es jugar, ser amados y aceptados. No hay que sondear, hay que hablarles directamente y con la verdad, a veces con cierta ironía para reírse del problema y en otrasv con cierta agresividad para sacarlos de su ensimismamiento y sus caprichos.

La meta de estás actividades es aprender a profundizar en cualquier tema, tanto interno como externo, analizar, sintetizar y entender.

Actividades y material para niños de maternal a tercero de preescolar

Ejercicios de pintura

El objetivo del curso consiste en que los niños se sensibilicen y conozcan los principios básicos de la pintura a partir de la teoría del color, las formas, trazos y dibujo libre, sobre todo a saber expresar lo que tienen dentro.

Técnica. Los niños trabajarán empleando básicamente sus manos como herramienta de creatividad y así promover el conocimiento en el proceso de la pintura. Ya que los niños sepan lo que es la sensación de manejar la pintura con sus manos, podrán utilizar dos tipos de pincel, uno ancho número 20 y uno delgado número 6.

Actividades. La finalidad de este curso es que el niño se familiarice con el proceso de creación en todas sus facetas, hacerlo comprender que con cualquier cosa puede crear, inventar o descubrir lo que desee.

Con la utilización de materiales especiales es posible trabajar para entender los procesos básicos del arte; hasta con materiales considerados como basura se puede jugar, inventar y practicar la transformación de la materia a bajo costo y con mucho ingenio.

En el curso, se les dará un panorama global del arte, en un universo donde todo es posible.

Una caja puede convertirse en una casa, un televisor, un teatro para títeres o algún invento científico.

El proceso de expresión es evolución, si el niño al principio no sabe proyectar lo que tiene en la mente, no importa: la constancia y el amor hacen milagros.

En el curso se necesitarán necesariamente: tijeras, papel craft, plastilina, hojas blancas, colores acrílicos: blanco, rojo, azul y amarillo, crayolas jumbo.

Ejercicios de plastilina

Se utilizan los colores primarios: rojo, amarillo y azul. Trabajaremos sobre hojas blancas, combinando colores primarios, luego secundarios hasta llegar a las degradaciones.

Material: plastilina roja, azul y amarilla y hojas blancas. El volumen dependerá de la cantidad de niños.

Haciendo juguetes

En esta actividad interactiva, se le designará a cada niño buscar y traer de su casa materiales como botellas de plástico, cartón, cajas viejas, tela, botones, juguetes rotos, con el fin de proyectar y crear un juguete.

Modelando con barro

El barro es un excelente estímulo para los niños. Se podrá trabajar de forma libre o con moldes, el barro se utilizará de forma rústica, es decir sin hornear, el secado en el sol da el mismo efecto. Lo importante es que el niño aprenda a expresar modelando lo que tienen dentro.

Material: barro, agua y manteles de plástico y su camisa protectora.

Cuentos e historias para actividades de arte

Ejercicio para niños de preescolar: para este taller se acondicionará en el salón un rincón de lectura, con tapete y cojines. La idea es que los niños relacionen la lectura con un espacio agradable. Se lee el cuento, luego se realiza un tiempo de preguntas y respuestas para la activación cerebral y posteriormente, se hacen dibujos interpretando lo entendido.

Esta actividad inicia desde los tres años.

Apuntes

Nociones básicas. Es muy importante saber que a los niños lo que les interesa es jugar, el arte es un pretexto para que expandan su imaginación y desarrollen su independencia.

Diario personal. Es muy importante que los niños tomen nota de todas las lecciones, actividades y paseos. Los apuntes podrán ir desde rayones llenos de color, dibujitos con formas, hasta sus primeras letras. El tutor no deberá censurar los apuntes; por el contrario, deberá de incrementar la seguridad del niño. Por poco que nos parezca a los adultos, para ellos es su universo.

Liberación mental. La liberación mental significa dejar la expresión libre y abierta, y respetuosamente, preguntar, descubrir e interrogar para llegar a conclusiones que posteriormente estarán expuestas a transformación. Cuando se tiene una criatura nueva hay que dejarlo ser para descubrir quién es, cómo es, cuáles son sus capacidades y potencial, para enseñarle a desarrollarlo.

Cuentos e historias. La lectura es muy importante, pues ahí nace su interés por aprender.

El juego del espejo

Este es un ejercicio de psicología infantil, y es muy divertido para los niños. Este juego consiste en poner al niño frente a un espejo y hacerle preguntas como: qué ves, qué es lo que menos te gusta de ti mismo, qué sientes cuando ves tus ojos, etcétera.

Este ejercicio sirve para evaluarse a sí mismo. El maestro no deberá emitir ningún juicio, simplemente debe guiar y escuchar.

Relieves

Es una actividad donde aplica la creatividad en tres dimensiones. Con periódico los niños aprenderán a moldear y hacer relieves de diferentes formas, muñecos. También marcos o portadas para libros.

Material: Periódico, harina, sal y la misma pintura y pinceles.

Se despedaza el periódico en trozos pequeños, se sumerje en agua dentro de una cubeta. Con las manos se mezcla hasta casi deshacerlo. A esta mezcla se incorporan la sal y la harina. Esta masa puede utilizarse de distintas maneras. Para crear relieves, tapizar una cartulina con esta material e irle dando forma, creando relieves. Para esculturas, se utiliza como si fuera plastiñina. Los acabados son sencillos, se puede pintar con colores acrílicos y conservarlo usando un barniz o laca en aerosol.

Murales sobre pared

Se podrá decorar un muro de la escuela con cualquier tema. Anteriormente se habrán hecho trabajos en papel y en el cuadernillo de trabajo sobre este tema. Servirán de bocetos, los trabajos más bonitos o especiales de cada niño se escogerán para que el mismo lo copie en la pared, creando el mural de la escuela. El niño sabrá que esta representando la felicidad en su escuela.

Exposiciones

Decorar los espacios de su salón y apreciar que el salón es también parte de él. Esta actividad se lleva a cabo los días festivos. Cada cual hace lo que se le facilite o guste más.

Haciendo un libro

1er día: hacer portadas con papel maché. Se pueden hacer relieves en los libros.

2º día: decorar con plastilina o recortes de revistas las portadas de los libros.

3er día: llenar con hojas blancas el libro y atarlas con listón o un mecate, para darle forma. Barnizar o poner laca en aerosol.

4º día: compartir ideas, secretos y sueños para iniciar el contenido del libro.

Esta actividad se podrá repetir al finalizar el curso, enfocada a un álbum para fotografías referente a las actividades que se han realizado durante el año.

Este taller tiene la finalidad de que el niño aprenda a hacer un libro desarrollando su imaginación, creatividad y talento. El curso esta dividido en cuatro etapas:

A) Investigación. Que descubra y se descubra. Observar su alrededor, comentando sus observaciones y recordar los momentos que ha vivido.

B) Escoger lo que más les atraiga de estos ejercicios y hacer apuntes.

C) Ilustrar su poema, cuento o crónica de forma libre.

D) Encuadernar su libro, le pondrá título y una breve introducción

Al final del curso el niño tendrá su libro y la satisfacción de haberlo hecho por sí mismo, abriéndole así, la puerta del conocimiento de los libros.

Peces de colores

Peces hechos con platos de plástico para colgar en el salón.

Se recorta un triángulo en un extremo del plato de plástico, ese triangulo se pega detrás del plato en forma de cola. Luego podrán decorar sus peces con recortes anteriormente dibujados, como algas, peces pequeños, caracoles o caballos de mar.

Haciendo teatro

Es muy emocionante para el niño e importante para su desarrollo representar tres veces al año obras de teatro. Se podrán representar la personalidad de cada niño pero disfrazado de animalito, con algún mensaje como moraleja.

Hortaliza

La hortaliza nos ayuda a entender que todo tiene un proceso, que la tierra también es un ser vivo que merece cuidado y respeto. En esta actividad lo único que el niño necesita es una palita, cubeta o regador, aprender a observar y a escuchar.

Música

Es muy importante que todas sus actividades estén acompañadas de música. De preferencia se debe escoger alegres temas de música clásica o instrumental, también de distintas culturas.

La música y vocalización es muy importante para entrar en los estados creativos del sonido vocal. El objetivo es que el niño sienta su voz a través del cuerpo. Este ejercicio se recomienda al principio de las clases y en el exterior.

Algunos consejos para pintar con los niños

Receta básica para pintura digital

Mezclar engrudo con pintura en polvo (óxidos para cemento) estas pinturas no son tóxicas y se pueden preparar también con colorantes para alimentos. La pintura para carteles también pueden servir para hacer la mezcla. Esta se usa para pintar directamente con los dedos. Para trabajar con brochas, se mezcla la pintura con goma y un poco de detergente liquido.

En lugar de pinceles delgados debemos proporcionarles brochas anchas de pintor. Podemos comprar de varios anchos desde 3 pulgadas hasta ½ pulgada. En algunas tiendas se pueden conseguir pinceles redondos muy gruesos #16. Conforme los niños crecen y sus músculos se vuelven más fuertes, podemos darles brochas y pinceles más angostos.

Para emplear los popotes como instrumentos de trabajo, la pintura se prepara un poco más liquida, se esparce un poco sobre el papel y luego, se sopla con el popote.

Si utiliza cordones o estambre, coloque la pintura en platos extendidos, introduzca el cordón tomando una punta en cada mano y así se van haciendo diseños sobre el papel.

Los envases vacíos de mostaza, sirven para mezclar pintura con pegamento blanco y hacer diseños sobre papel lustre al exprimir la pintura. Los cepillos de dientes también son una herramienta divertida y el resultado es interesante, al igual que las impresiones hechas con papas, zanahorias, limones, naranjas, pimientos, etcérera.

Lo principal, es hacer a los niños partícipes de la planeación, organización, preparación y limpieza del proyecto.

El lienzo que se utilice debe ser más grande entre más pequeño es el niño. El tiempo nunca debe ser factor que presiones al niño. Debe dársele la oportunidad para trabajar todo el tiempo que necesite. Jamás compare el trabajo del niño con alguno hecho por un adulto o por otro niño; cada niño debe hacer creativamente su proyecto. Aunque el resultado no siempre sea perfecto, el momento de trabajo y el proceso es lo que cuenta.

Una vez que se termina cada proyecto, éste debe quedar como parte de decoración en el salón o la casa. Los niños deben participar activamente en la estética del salón de clases y de su recámara.

El arreglo del salón de clases debe ser exclusivo de los niños, el adulto sólo debe ayudar a colocar el material sin contratiempos o accidentes.

Los adultos deben ser factores de un ambiente propicio para que el menor desarrolle al máximo todo su potencial dentro de un marco de respeto y organización.

Los niños tienen el valor de ser lo que son, experimentándose como un ser libres, sin auto-imagen.

Los derechos de los niños y las niñas

1-El buen trato y la protección sin importar sexo, edad, religión y raza.

2-Tener nombre y nacionalidad, ser registrados y recibir un acta de nacimiento.

3-Crecer en un hogar donde se tenga la oportunidad de fortalecer su cuerpo, desarrollar su inteligencia, jugar y expresar sus sentimientos.

4-Ser protegidos, que se les permita decir lo que sienten y piensan.

5-Asistir a la escuela y tener la posibilidad de continuar sus estudios.

6-Recibir educación que les enseñe a respetar a los demás, a vivir en paz y a buscar la amistad de toda la gente.

7-Los niños con necesidades especiales, deben recibir ayuda para participar en actividades de la comunidad.

8-Vivir en un lugar sano, alimentarse bien y recibir atención médica.

9-No realizar trabajos que puedan lastimarlos, ni dejar la escuela para trabajar.

Entendamos y aceptemos las etapas de desarrollo que viven los menores y pongamos en práctica actividades adecuadas para ellos.

Al hablar sobre desarrollo infantil investigado por Piaget, se deben tener en cuenta tres aspectos:

Lo afectivo (o emocional) y social, no puede separarse del crecimiento físico; o sea, la nutrición, el movimiento y la coordinación. El aspecto cognoscitivo, que es lo que comúnmente llamamos inteligencia y aprendizaje académico, está totalmente relacionado con los otros dos, al existir armonía entre los tres aspectos, se puede decir que existe una verdadera inteligencia.

Recordando que siempre los derechos de los niños y de las niñas van de la mano con el respeto hacia los padres

CONCLUSIÓN

Sabemos que para lograr un desarrollo adecuado de nuestros niños y niñas es vital respetar el ritmo de su aprendizaje, sabemos también que es muy importante permitir la exploración y experimentación, que sólo un desarrollo armónico propicia la formación de talentos en el ser humano.

Algunos talentos que el adulto debe empezar a manejar para el niño son: planeación, toma de decisiones, comunicación, previsión y pensamiento productivo

Si los adultos tratamos de conocer y respetar a los niños y jóvenes ayudamos en la formación de su autoestima. La autoestima es lo que cada persona siente por si misma, los juicios que cada uno de nosotros nos formamos sobre nosotros mismos.

Cuando participamos en que niños y niñas desde antes de nacer formen una sólida autoestima, veremos que al ir creciendo lograrán desarrollar un alto sentido del respeto por sí mismos, aprendiendo a darse cuenta de lo tanto que valen.

Un niño que va logrando ser autónomo e independiente, va desarrollando una excelente autoestima. Si sabemos lo que valemos no trataremos de impresionar a los demás con acciones para llamar la atención, podremos valorarnos desde adentro haciendo el mejor uso de nuestras actitudes y habilidades.

Cuando uno va conociendo sus capacidades, no lucha contra los defectos, ya que todos tenemos defectos; pero si apreciamos nuestras cualidades no estaremos exigiéndonos cosas que no podemos cumplir. Poco a poco trataremos de superarnos en lo que somos débiles e incapaces, sabiendo que tenemos un limite en ciertas áreas. Una persona con pobre autoestima siempre se exige más de lo que puede, frustrándose constantemente.

En pleno año 2000 los niños y jóvenes están mas expuestos al bombardeo de imágenes y es fácil que pierdan de vista la esencia de las cosas y que vivan ignorando los valores con probables caídas en drogadicción, alcoholismo y otros vicios para llenar los vacíos que la enajenación nos puede causar.

Es por eso que, en esta época, hay que sujetarnos mas al núcleo familiar para participar en la vida con bases sólidas, con un auto-control y conocimiento pleno de lo que esta sucediendo en nuestro entorno, dándoles las armas para que en cualquier caos encuentren el orden.

Para educar, hay que estar educados y tener percepción para tratar la naturaleza humana. Hay que tener en cuenta estos puntos: planeación, toma de decisiones, comunicación, previsión y un pensamiento productivo; pero para eso nosotros tenemos que estar preparados, tener valores y mucha conciencia para practicar el amor propio y el filial.

Si los adultos tratamos de conocer y respetar a los niños, las niñas y a los jóvenes, desde antes de nacer, llevando una relación armoniosa y comprensiva con nuestra pareja, colaboramos en la formación de su autoestima.

Los libros rigen y corrigen, sirven de estímulo y están al alcance de cualquiera, activan la esencia del funcionamiento cerebral y dictan la diferencia entre pensar, transformar y ser genuino o dejarse llevar por la corriente en boga. En los libros existen las imágenes, los símbolos, las metáforas, etcétera.

Hay que impulsar la lectura a cualquier edad y en cualquier momento. Si nuestra civilización deja a un lado la lectura, estamos en peligro de perder nuestra esencia.

Llevemos libros en el auto y en la bolsa para cuando nos dejan esperando. La mente bien alimentada es una mente positiva y productiva, protegida de vicios tele- trágicos y de ociosidades obsesivas.

Los niños y las niñas deben leer todo lo que sea posible, pero sin saturarlos u obligarlos.

Despertar este deleite en ellos es nuestro desafío como padres ocupados por su bienestar y evolución mental, emocional y espiritual.

Ayudalos a despertar su cerebro, su curiosidad, su anhelo por saber, volviéndolos una amalgama con el conocimiento al ir caminando en la ruta del respeto y la sabiduría universal, para hacer de nuestra humanidad un centro de amor, de entendimiento, comprendiendo que no estamos aislados sino que cada uno de nosotros estamos estrechamente unidos con todo nuestro entorno y todos los integrantes de ésta gran vena vital.

CUENTOS

LAS MEDIAS DE LOS FLAMENCOS

Horacio Quiroga

Cierta vez las víboras dieron un gran baile. Invitaron a las ranas y a los sapos, a los flamencos, y a los yacarés y a los pescados. Los pescados, como no caminan, no pudieron bailar; pero siendo el baile a la orilla del río los pescados estaban asomados a la arena, y aplaudían con la cola.

Los yacarés, para adornarse bien, se habían puesto en el pescuezo un collar de bananas, y fumaban cigarros paraguayos. Los sapos se habían pegado escamas de pescado en todo el cuerpo, y caminaban meneándose, como si nadaran. Y cada vez que pasaban muy serios por la orilla del río, los pescados les gritaban haciéndoles burla.

Las ranas se habían perfumado todo el cuerpo, y caminaban en dos pies. Además, cada una llevaba colgada, como un farolito, una luciérnaga que se balanceaba.

Pero las que estaban hermosísimas eran las víboras. Todas, sin excepción, estaban vestidas

151

con traje de bailarina, del mismo color de cada víbora. Las víborascoloradas llevaban una pollerita de tul colorado; las verdes, una de tul verde; las amarillas, otra de tul amarillo; y las yararás, una pollerita de tul gris pintada con rayas de polvo de ladrillo y ceniza, porque así es el color de las yararás.

Y las más espléndidas de todas eran las víboras de coral, que estaban vestidas con larguísimas gasas rojas, blancas y negras, y bailaban como serpentinas. Cuando las víboras danzaban y daban vueltas apoyadas en la punta de la cola, todos los invitados aplaudían como locos.

Sólo los flamencos, que entonces tenían las patas blancas, y tienen ahora como antes la nariz muy gruesa y torcida, sólo los flamencos estaban tristes, porque como tienen muy poca inteligencia no habían sabido cómo adornarse. Envidiaban el traje de todos, y sobre todo el de las víboras de coral. Cada vez que una víbora pasaba por delante de ellos, coqueteando y haciendo ondular las gasas de serpentinas, los flamencos se morían de envidia.

Un flamenco dijo entonces:

—Yo sé lo que vamos a hacer. Vamos a ponernos medias coloradas, blancas y negras, y las víboras de coral se van a enamorar de nosotros.

Y levantando todos juntos el vuelo, cruzaron el río y fueron a golpear en un almacén del pueblo.

—¡Tan-tan! —pegaron con las patas.

—¿Quién es? —respondió el almacenero.

—Somos los flamencos. ¿Tienes medias coloradas, blancas y negras?

—No, no hay —contestó el almacenero—. ¿Están locos? En ninguna parte van a encontrar medias así.

Los flamencos fueron entonces a otro almacén.

—¡Tan-tan! ¿Tienes medias coloradas, blancas y negras?

El almacenero contestó:

—¿Cómo dice? ¿Coloradas, blancas y negras? No hay medias así en ninguna parte. Ustedes están locos. ¿Quiénes son?

—Somos los flamencos —respondieron ellos.

Y el hombre dijo:

—Entonces son con seguridad flamencos locos.

Fueron a otro almacén.

—¡Tan-tan! ¿Tienes medias coloradas, blancas y negras?

El almacenero gritó:

—¿De qué color? ¿Coloradas, blancas y negras? Solamente a pájaros narigudos como ustedes se les ocurre pedir medias así. ¡Váyanse en seguida!

Y el hombre los echó con la escoba.

Los flamencos recorrieron así todos los almacenes, y de todas partes los echaban por locos.

Entonces un tatú, que había ido a tomar agua al río, se quiso burlar de los flamencos y les dijo, haciéndoles un gran saludo:

—¡Buenas noches, señores flamencos! Yo sé lo que ustedes buscan. No van a encontrar medias así en ningún almacén. Tal vez haya en Buenos Aires, pero tendrán que pedirlas por encomienda postal. Mi cuñada, la lechuza, tiene medias así. Pídanselas, y ella les va a dar las medias coloradas, blancas y negras.

Los flamencos le dieron las gracias, y se fueron volando a la cueva de la lechuza. Y le dijeron:

—¡Buenas noches, lechuza! Venimos a pedirte las medias coloradas, blancas y negras. Hoy es el gran baile de las víboras, y si nos ponemos esas medias, las víboras de coral se van a enamorar de nosotros.

—¡Con mucho gusto! —respondió la lechuza—. Esperen un segundo, y vuelvo en seguida.

Y echando a volar, dejó solos a los flamencos; y al rato volvió con las medias. Pero no eran medias, sino cueros de víboras de coral, lindísimos cueros recién sacados a las víboras que la lechuza había cazado.

—Aquí están las medias —les dijo la lechuza—. No se preocupen por nada, sino de una sola cosa: bailen toda la noche, bailen sin parar un momento, bailen de costado, de pico, de cabeza, como ustedes quieran; pero no paren un momento, porque en vez de bailar van entonces a llorar.

Pero los flamencos como son tan tontos, no comprendían bien qué gran peligro había para ellos en eso, y locos de alegría se pusieron los cueros de las víboras de coral, como medias, metiendo las patas dentro de los cueros, que eran como tubos. Y muy contentos se fueron volando al baile.

Cuando vieron a los flamencos con sus hermosísimas medias, todos les tuvieron envidia. Las víboras querían bailar con ellos, únicamente, y como los flamencos no dejaban un instante de mover las patas, las víboras no podían ver bien de qué estaban hechas aquellas preciosas medias.

Pero poco a poco, sin embargo, las víboras comenzaron a desconfiar. Cuando los flamencos pasaban bailando al lado de ellas, se agachaban hasta el suelo para ver bien.

Las víboras de coral, sobre todo, estaban muy inquietas. No apartaban la vista de las medias, y se agachaban también tratando de tocar con la lengua las patas de los flamencos, porque la lengua de las víboras es como la mano de las personas. Pero los flamencos bailaban y bailaban sin cesar, aunque estaban cansadísimos y ya no podían más.

Las víboras de coral, que conocieron esto, pidieron en seguida a las ranas sus farolitos, que eran bichitos de luz y esperaron todas juntas a que los flamencos se cayeran de cansados.

Efectivamente, un minuto después, un flamenco, que ya no podía más, tropezó con el cigarro de un yacaré, se tambaleó y cayó de costado. En seguida las víboras de coral corrieron con sus farolitos, y alumbraron bien las patas del flamenco. Y vieron qué eran aquellas medias, y lanzaron un silbido que se oyó desde la otra orilla del Paraná.

—¡No son medias! —gritaron las víboras—. ¡Sabemos lo que es! ¡Nos han engañado! ¡Los flamencos han matado a nuestras hermanas y se han puesto sus cueros como medias! ¡Las medias que tienen son de víboras de coral!

Al oír esto, los flamencos, llenos de miedo porque estaban descubiertos, quisieron volar; pero estaban tan cansados que no pudieron levantar una sola pata. Entonces las víboras de coral se lanzaron sobre ellos, y enroscándose en sus patas les deshicieron a mordiscones las medias. Les arrancaron las medias a pedazos, enfurecidas, y les mordían también las patas, para que murieran.

Los flamencos, locos de dolor, saltaban de un lado para otro, sin que las víboras de coral se desenroscaran de sus patas. Hasta que al fin, viendo que ya no quedaba un solo pedazo de media, las víboras los dejaron libres, cansadas y arreglándose las gasas de sus trajes de baile.

Además, las víboras de coral estaban seguras de que los flamencos iban a morir, porque la mitad, por lo menos, de las víboras de coral que los habían mordido eran venenosas.

Pero los flamencos no murieron. Corrieron a echarse al agua, sintiendo un grandísimo dolor. Gritaban de dolor, y sus patas, que eran blancas, estaban entonces coloradas por el veneno de las víboras. Pasaron días y días, y siempre sentían terrible ardor en las patas, y las tenían siempre de color de sangre, porque estaban envenenadas.

Hace de esto muchísimo tiempo. Y ahora todavía están los flamencos casi todo el día con sus patas coloradas metidas en el agua, tratando de calmar el ardor que sienten en ellas.

A veces se apartan de la orilla, y dan unos pasos por tierra, para ver cómo se hallan. Pero los dolores del veneno vuelven en seguida, y corren a meterse en el agua. A veces el ardor que sienten es tan grande, que encogen una pata y quedan así horas enteras, porque no pueden estirarla.

Esta es la historia de los flamencos, que antes tenían las patas blancas y ahora las tienen coloradas. Todos los pescados saben por qué es, y se burlan de ellos. Pero los flamencos, mientras se curan en el agua, no pierden ocasión de vengarse, comiéndose a cuanto pescadito se acerca demasiado a burlarse de ellos.

EL LORO PELADO

Horacio Quiroga

Había una vez una banda de loros que vivía en el monte.

De mañana temprano iban a comer choclos a la chacra, y de tarde comían naranjas. Hacían gran barullo con sus gritos, y tenían siempre un loro de centinela en los árboles más altos, para ver si venía alguien.

Los loros son tan dañinos como la langosta, porque abren los choclos para picotearlos, los cuales, después, se pudren con la lluvia. Y como al mismo tiempo los loros son ricos para comer guisados, los peones los cazaban a tiros.

Un día un hombre bajó de un tiro a un loro centinela, el que cayó herido y peleó un buen rato antes de dejarse agarrar. El peón lo llevó a la casa, para los hijos del patrón; los chicos lo curaron porque no tenía más que un ala rota. El loro se curó muy bien, y se amansó completamente. Se llamaba Pedrito. Aprendió a dar la pata; le gustaba estar en el hombrode las personas y con el pico les hacía cosquillas en la oreja.

Vivía suelto, y pasaba casi todo el día en los naranjos y eucaliptos del jardín. Le gustaba también burlarse de las gallinas. A las cuatro o cinco de la tarde, que era la hora en que tomaban el té en la casa, el loro entraba también en el comedor, y se subía con el pico y las patas por el mantel, a comer pan mojado en leche. Tenía locura por el té con leche.

Tanto se daba Pedrito con los chicos, y tantas cosas le decían las critaruas, que el loro aprendió a hablar. Decía: "¡Buen día, lorito!..." "¡Rica la papa!..." "¡Papa para Pedrito!..." Decía otras cosas más que no se pueden decir, porque los loros, como los chicos, aprenden con gran facilidad malas palabras.

Cuando llovía, Pedrito se encrespaba y se contaba a sí mismo una porción de cosas, muy bajito. Cuando el tiempo se componía, volaba entonces gritando como un loco.

Era, como se ve, un loro bien feliz, que además de ser libre, como lo desean todos los pájaros, tenía también, como las personas ricas, su five o'clock tea.

Ahora bien: en medio de esta felicidad, sucedió que una tarde de lluvia salió por fin el sol después de cinco días de temporal, y Pedrito se puso a volar gritando:

—"¡Qué lindo día, lorito!... ¡Rica, papa!... ¡La pata, Pedrito!..." —y volaba lejos, hasta que vio debajo de él, muy abajo, el río Paraná, que parecía una lejana y ancha cinta blanca. Y siguió, siguió volando, hasta que se asentó por fin en un árbol a descansar.

Y he aquí que de pronto vio brillar en el suelo, a través de las ramas, dos luces verdes, como enormes bichos de luz.

—¿Qué será? —se dijo el loro—. "¡Rica, papa!..." "¿Qué será eso?..." "¡Buen día, Pedrito!..."

El loro hablaba siempre así, como todos los loros, mezclando las palabras sin ton ni son, y a veces costaba entenderlo. Y como era muy curioso, fue bajando de rama en rama, hasta acercarse. Entonces vio que aquellas dos luces verdes eran los ojos de un tigre que estaba agachado, mirándolo fijamente.

Pero Pedrito estaba tan contento con el lindo día, que no tuvo ningún miedo.

—¡Buen día, tigre! —le dijo—. "¡La pata, Pedrito!..."

Y el tigre, con esa voz terriblemente ronca que tiene, le respondió:

—¡Bu-en-día!

—¡Buen día, tigre! —repitió el loro—. "¡Rica, papa!... ¡rica, papa!... ¡rica, papa!..."

Y decía tantas veces "¡rica, papa!" porque ya eran las cuatro de la tarde, y tenía muchas ganas de tomar té con leche. El loro se había olvidado de que los bichos del monte no toman té con leche, y por esto lo convidó al tigre.

—¡Rico té con leche! —le dijo—. "¡Buen día, Pedrito!..." ¿Quieres tomar té con leche conmigo, amigo tigre?

Pero el tigre se puso furioso porque creyó que el loro se reía de él, y además, como tenía a su vez hambre, se quiso comer al pájaro hablador. Así que le contestó:

—¡Bue-no! ¡Acérca-te un po-co que soy sor-do! El tigre no era sordo; lo que quería era que Pedrito se acercara mucho para agarrarlo de un zarpazo. Pero el loro no pensaba sino en el gusto que tendrían en la casa cuando él se presentara a tomar té con leche con aquel magnífico amigo. Y voló hasta otra rama más cerca del suelo.

—¡Rica, papa, en casa! —repitió gritando cuanto podía.

—¡Más cer-ca! ¡No oi-go! —respondió el tigre con su voz ronca.

El loro se acercó un poco más y dijo:

—¡Rico, té con leche!

—¡Más cer-ca toda-vía! —repitió el tigre.

El pobre loro se acercó aún más, y en ese momento el tigre dio un terrible salto, tan alto como una casa, y alcanzó con la punta de las uñas a Pedrito. No alcanzó a matarlo, pero le arrancó todas las plumas del lomo y la cola entera. No le quedó una sola pluma en la cola.

—¡Tomá!—rugió el tigre—. Andá a tomar té con leche...

El loro, gritando de dolor y de miedo, se fue volando, pero no podía volar bien, porque le faltaba la cola que es como el timón de los pájaros. Volaba cayéndose en el aire de un lado para otro, y todos los pájaros que lo encontraban se alejaban asustados de aquel bicho raro.

Por fin pudo llegar a la casa, y lo primero que hizo fue mirarse en el espejo de la cocinera. ¡Pobre, Pedrito! Era el pájaro más raro y más feo que puede darse, todo pelado, todo rabón, y temblando de frío. ¿Cómo iba a presentarse en el comedor, con esa figura? Voló entonces hasta el hueco que había en el tronco de un eucalipto y que era como una cueva, y se escondió en el fondo, tiritando de frío y de vergüenza.

Pero entretanto, en el comedor todos extrañaban su ausencia:

—¿Dónde estará Pedrito? —decían. Y llamaban—: ¡Pedrito! ¡Rica, papa, Pedrito! ¡Té con leche, Pedrito!

Pero Pedrito no se movía de su cueva, ni respondía nada, mudo y quieto. Lo buscaron por todas partes, pero el loro no apareció. Todos creyeron entonces que Pedrito había muerto, y los chicos se echaron a llorar.

Todas las tardes, a la hora del té, se acordaban siempre del loro, y recordaban también cuánto le gustaba comer pan mojado en té con leche. ¡Pobre, Pedrito! Nunca más lo verían porque había muerto.

Pero Pedrito no había muerto, sino que continuaba en su cueva sin dejarse ver por nadie, porque sentía mucha vergüenza de verse pelado como un ratón. De noche bajaba a comer y subía en seguida. De madrugada descendía de nuevo, muy ligero, e iba a mirarse en el espejo de la cocinera, siempre muy triste porque las plumas tardaban mucho en crecer.

Hasta que por fin un día, o una tarde, la familia sentada a la mesa a la hora del té vio entrar a Pedrito muy tranquilo, balanceándose como si nada hubiera pasado. Todos se querían morir, morir de gusto cuando lo vieron bien vivo y con lindísimas plumas.

—¡Pedrito, lorito! —le decían—. ¡Qué te pasó, Pedrito! ¡Qué plumas brillantes que tiene el lorito! Pero no sabían que eran plumas nuevas, y Pedrito, muy serio, no decía tampoco una palabra. No hacía sino comer pan mojado en té con leche. Pero lo que es hablar, ni una sola palabra.

Por eso, el dueño de casa se sorprendió mucho cuando a la mañana siguiente el loro fue volando a pararse en su hombro, charlando como un loco. En dos minutos le contó lo que le había pasado: un paseo al Paraguay, su encuentro con el tigre, y lo demás; y concluía cada cuento, cantando:

—¡Ni una pluma en la cola de Pedrito! ¡Ni una pluma! ¡Ni una pluma!

Y lo invitó a ir a cazar al tigre entre los dos.

El dueño de casa, que precisamente iba en ese momento a comprar una piel de tigre que le hacía falta para la estufa, quedó muy contento de poderla tener gratis. Y volviendo a entrar en la casa para tomar la escopeta, emprendió junto con Pedrito el viaje al Paraguay. Convinieron en que cuando Pedrito viera al tigre, lo distraería charlando, para que el hombre pudiera acercarse despacito con la escopeta.

Y así pasó. El loro, sentado en una rama del árbol, charlaba y charlaba, mirando al mismo tiempo a todos lados, para ver si veía al tigre. Y por fin sintió un ruido de ramas partidas, y vio de repente debajo del árbol dos luces verdes fijas en él: eran los ojos del tigre.

Entonces el loro se puso a gritar:

—¡Lindo día!... ¡Rica, papa!... ¡Rico té con leche!... ¿Querés té con leche?...

El tigre enojadísimo al reconocer a aquel loro pelado que él creía haber muerto, y que tenía otra vez lindísimas plumas, juró que esa vez no se le escaparía, y de sus ojos brotaron dos rayos de ira cuando respondió con su voz ronca:

—¡Acer-cá-te más! ¡Soy sor-do!

El loro voló a otra rama más próxima, siempre charlando:

—¡Rico, pan con leche!... ¡está al pie de este árbol!...

Al oír estas últimas palabras, el tigre lanzó un rugido y se levantó de un salto.

—¿Con quién estás hablando? —bramó—. ¿A quién le has dicho que estoy al pie de este árbol?

—¡A nadie, a nadie! —gritó el loro—. ¡Buen día, Pedrito!... ¡La pata, lorito!...

Y seguía charlando y saltando de rama en rama, y acercándose. Pero él había dicho: está al pie de este árbol para avisarle al hombre, que se iba arrimando bien agachado y con la escopeta al hombro.

Y llegó un momento en que el loro no pudo acercarse más, porque si no, caía en la boca del tigre, y entonces gritó:

—¡Rica, papa!... ¡atención!

—¡Más cer-ca-aún! —rugió el tigre, agachándose para saltar.

—¡Rico, té con leche!... ¡cuidado, va a saltar!

Y el tigre saltó, en efecto. Dio un enorme salto, que el loro evitó lanzándose al mismo tiempo como una flecha en el aire. Pero también en ese mismo instante el hombre, que tenía el cañón de la escopeta recostado contra un tronco para hacer bien la puntería, apretó el gatillo, y nueve balines del tamaño de un garbanzo cada uno entraron como un rayo en el corazón del tigre, que lanzando un bramido que hizo temblar el monte entero, cayó muerto.Pero el loro, ¡qué gritos de alegría daba! ¡Estaba loco de contento, porque se había vengado —¡y bien vengado!— del feísimo animal que le había sacado las plumas.

El hombre estaba también muy contento, porque matar a un tigre es cosa difícil, y, además, tenía la piel para la estufa del comedor.

Cuando llegaron a la casa, todos supieron por qué Pedrito había estado tanto tiempo oculto en el hueco del árbol, y todos lo felicitaron por la hazaña que había hecho.

Vivieron en adelante muy contentos. Pero el loro no se olvidaba de lo que le había hecho el tigre, y todas las tardes, cuando entraba en el comedor para tomar el té, se acercaba siempre a la piel del tigre, tendida delante de la estufa, y lo invitaba a tomar té con leche.

—¡Rica, papa!... —le decía—. ¿Querés té con leche?... ¡La papa para el tigre!...

Y todos se morían de risa. Y Pedrito también.

EL PASTOR BROMISTA

Esopo

Un pastor que apacentaba su rebaño bastante lejos de la aldea, hacía a menudo la siguiente broma: Gritando que los lobos atacaban su rebaño, pedía auxilio a los habitantes de la aldea.

Dos o tres veces, los cándidos vecinos, asustados, salieron precipitadamente en su ayuda, regresando defraudados. Pero, al fin, un día los lobos se presentaron realmente, y mientras devastaban al rebaño, el pastor se desgañitaba inútilmente llamando a los de la aldea en su ayuda, pero éstos, creyendo que se trataba de una nueva broma, no le hacían caso alguno. Y así perdió el pastor todos sus carneros.

Esta fábula significa que los mentirosos sólo consiguen una cosa: que nadie les crea, ni aun cuando digan la verdad.

LA ABEJA HARAGANA

Horacio Quiroga

Había una vez en una colmena una abeja que no quería trabajar, es decir, recorría los árboles uno por uno para tomar el jugo de las flores; pero en vez de conservarlo para convertirlo en miel, se lo tomaba del todo.

Era, pues, una abeja haragana. Todas las mañanas, apenas el sol calentaba el aire, la abejita se asomaba a la puerta de la colmena, veía que hacía buen tiempo, se peinaba con las patas, como hacen las moscas, y echaba entonces a volar, muy contenta del lindo día. Zumbaba muerta de gusto de flor en flor, entraba en la colmena, volvía a salir, y así se lo pasaba todo el día mientras las otras abejas se mataban trabajando para llenar la colmena de miel, porque la miel es el alimento de las abejas recién nacidas.

Como las abejas son muy serias, comenzaron a disgustarse con el proceder de la hermana haragana. En la puerta de las colmenas hay siempre unas cuantas abejas que están de guardia para cuidar que no entrenbichos en la colmena. Estas abejas suelen ser muy viejas, con gran experiencia de la vida y tienen el lomo pelado porque han perdido todos los pelos de rozar contra la puerta de la colmena.

Un día, pues, detuvieron a la abeja haragana cuando iba a entrar, diciéndole:

—Compañera: es necesario que trabajes, porque todas las abejas debemos trabajar.

La abejita contestó:

—Yo ando todo el día volando, y me canso mucho.

—No es cuestión de que te canses mucho —respondieron—, sino de que trabajes un poco. Es la primera advertencia que te hacemos.

Y diciendo así la dejaron pasar.

Pero la abeja haragana no se corregía. De modo que a la tarde siguiente las abejas que estaban de guardia le dijeron:

—Hay que trabajar, hermana.

Y ella respondió en seguida:

—¡Uno de estos días lo voy a hacer!

—No es cuestión de que lo hagas uno de estos días —le respondieron— sino mañana mismo. Acuérdate de esto.

Y la dejaron pasar.

Al anochecer siguiente se repitió la misma cosa. Antes de que le dijeran nada, la abejita exclamó:

—¡Sí, sí, hermanas! ¡Ya me acuerdo de lo que he prometido!

—No es cuestión de que te acuerdes de lo prometido —le respondieron—, sino de que trabajes. Hoy es 19 de abril. Pues bien: trata de que mañana, 20, hayas traído una gota siquiera de miel. Y ahora, pasa.

Y diciendo esto, se apartaron para dejarla entrar.

Pero el 20 de abril pasó en vano como todos los demás. Con la diferencia de que al caer el sol el tiempo se descompuso y comenzó a soplar un viento frío.

La abejita haragana voló apresurada hacia su colmena, pensando en lo calentito que estaría allá dentro. Pero cuando quiso entrar, las abejas que estaban de guardia se lo impidieron.

—¡No se entra! —le dijeron fríamente.

—¡Yo quiero entrar! —clamó la abejita—. Ésta es mi colmena

—Ésta es la colmena de unas pobres abejas trabajadoras —le contestaron las otras—. No hay entrada para las haraganas.

—¡Mañana sin falta voy a trabajar! —insistió la abejita.

—No hay mañana para las que no trabajan —respondieron las abejas, que saben mucha filosofía.

Y esto diciendo la empujaron afuera.

La abejita, sin saber qué hacer, voló un rato aún; pero ya la noche caía y se veía apenas. Quiso cogerse de una hoja, y cayó al suelo. Tenía el cuerpo entumecido por el aire frío, y no podía volar más.

Arrastrándose entonces por el suelo, trepando y bajando de los palitos y piedritas, que le parecían montañas, llegó a la puerta de la colmena, a tiempo que comenzaban a caer frías gotas de lluvia.

—¡Ay, mi Dios! —clamó la desamparada—. Va a llover, y me voy a morir de frío.

Y tentó entrar en la colmena.

Pero de nuevo le cerraron el paso.

—¡Perdón! —gimió la abeja—. ¡Déjenme entrar!

—Ya es tarde —le respondieron.

—¡Por favor, hermanas! ¡Tengo sueño!

—Es más tarde aún.

—¡Compañeras, por piedad! ¡Tengo frío!

—Imposible.

—¡Por última vez! ¡Me voy a morir!

Entonces le dijeron:

—No, no morirás. Aprenderás en una sola noche lo que es el descanso ganado con el trabajo. Vete.

Y la echaron.

Entonces, temblando de frío, con las alas mojadas y tropezando, la abeja se arrastró, se arrastró hasta que de pronto rodó por un agujero; cayo rodando, mejor dicho, al fondo de una caverna.

Creyó que no iba a concluir nunca de bajar. Al fin llegó al fondo, y se halló bruscamente ante una víbora, una culebra verde de lomo color ladrillo, que la miraba enroscada y presta a lanzarse sobre ella.

En verdad, aquella caverna era el hueco de un árbol que habían trasplantado hacía tiempo, y que la culebra había elegido de guarida.

Las culebras comen abejas, que les gustan mucho. Por esto la abejita, al encontrarse ante su enemiga, murmuró cerrando los ojos:

—¡Adiós mi vida! Ésta es la última hora que yo veo la luz.

Pero con gran sorpresa suya, la culebra no solamente no la devoró sino que le dijo:

—¿Qué tal, abejita? No has de ser muy trabajadora para estar aquí a estas horas.

—Es cierto —murmuró la abeja—. No trabajo, y yo tengo la culpa.

—Siendo así —agregó la culebra, burlona—, voy a quitar del mundo a un mal bicho como tú. Te voy a comer, abeja.

La abeja, temblando, exclamó entonces:

—¡No es justo eso, no es justo! No es justo que usted me coma porque es más fuerte que yo. Los hombres saben lo que es justicia.

—¡Ah, ah! —exclamó la culebra, enroscándose ligero—. ¿Tú conoces bien a los hombres? ¿Tú crees que los hombres que les quitan la miel a ustedes son más justos, grandísima tonta?

—No, no es por eso que nos quitan la miel —respondió la abeja.

—¿Y por qué, entonces?

—Porque son más inteligentes.

Así dijo la abejita. Pero la culebra se echó a reir, exclamando:

—¡Bueno! Con justicia o sin ella, te voy a comer; apróntate.

Y se echó atrás, para lanzarse sobre la abeja. Pero ésta exclamó:

—Usted hace eso porque es menos inteligente que yo.

—¿Yo menos inteligente que tú, mocosa? —se rió la culebra.

—Así es —afirmó la abeja.

—Pues bien —dijo la culebra—, vamos a verlo. Vamos a hacer dos pruebas. La que haga la prueba más rara, ésa gana. Si gano yo, te como.

—¿Y si gano yo? —preguntó la abejita.

—Si ganas tú —repuso su enemiga—, tienes el derecho de pasar la noche aquí, hasta que sea de día. ¿Te conviene?

—Aceptado —contestó la abeja.

La culebra se echó a reir de nuevo, porque se le había ocurrido una cosa que jamás podría hacer una abeja. Y he aquí lo que hizo:

Salió un instante afuera, tan velozmente que la abeja no tuvo tiempo de nada. Y volvió trayendo una cápsula de semillas de eucalipto, de un eucalipto que estaba al lado de la colmena y que le daba sombra.

Los muchachos hacen bailar como trompos esas cápsulas, y les llaman trompitos de eucalipto.

—Esto es lo que voy a hacer —dijo la culebra—. ¡Fíjate bien, atención!

Y arrollando vivamente la cola alrededor del trompito como un piolín la desenvolvió a toda velocidad, con tanta rapidez que el trompito quedó bailando y zumbando como un loco.

La culebra se reía, y con mucha razón, porque jamás una abeja ha hecho ni podrá hacer bailar a un trompito. Pero cuando el trompito, que se había quedado dormido zumbando, como les pasa a los trompos de naranjo, cayó por fin al suelo, la abeja dijo:

—Esa prueba es muy linda, y yo nunca podré hacer eso.

—Entonces, te como —exclamó la culebra.

—¡Un momento! Yo no puedo hacer eso; pero hago una cosa que nadie hace.

—¿Qué es eso?

—Desaparecer.

—¿Cómo? —exclamó la culebra, dando un salto de sorpresa—. ¿Desaparecer sin salir de aquí?

—Sin salir de aquí.

—¿Y sin esconderte en la tierra?

—Sin esconderme en la tierra.

—Pues bien, ¡hazlo! Y si no lo haces, te como en seguida —dijo la culebra.

El caso es que mientras el trompito bailaba, la abeja había tenido tiempo de examinar la caverna y había visto una plantita que crecía allí. Era un arbustillo, casi un yuyito, con grandes hojas del tamaño de una moneda de dos centavos.

La abeja se arrimó a la plantita, teniendo cuidado de no tocarla, y dijo así:

—Ahora me toca a mí, señora Culebra. Me va a hacer el favor de darse vuelta, y contar hasta tres. Cuando diga "tres", búsqueme por todas partes, ¡ya no estaré más!

Y así pasó, en efecto. La culebra dijo rápidamente: "uno..., dos..., tres", y se volvió y abrió la boca cuan grande era, de sorpresa: allí no había nadie. Miró arriba, abajo, a todos lados, recorrió los rincones, la plantita, tanteó todo con la lengua. Inútil: la abeja había desaparecido.

La culebra comprendió entonces que si su prueba del trompito era muy buena, la prueba de la abeja era simplemente extraordinaria. ¿Qué se había hecho? ¿Dónde estaba?

No había modo de hallarla.

—¡Bueno! —exclamó por fin—. Me doy por vencida. ¿Dónde estás?

Una voz que apenas se oía —la voz de la abejita— salió del medio de la cueva.

—¿No me vas a hacer nada? —dijo la voz—. ¿Puedo contar con tu juramento?

—Sí —respondió la culebra—. Te lo juro. ¿Dónde estás?

—Aquí —respondió la abejita, apareciendo súbitamente de entre una hoja cerrada de la plantita.

¿Qué había pasado? Una cosa muy sencilla: la plantita en cuestión era una sensitiva, muy común también aquí en Buenos Aires, y que tiene la particularidad de que sus hojas se cierran al menor contacto. Solamente que esta aventura pasaba en Misiones, donde la vegetación es muy rica, y por lo tanto muy grandes las hojas de las sensitivas. De aquí que al contacto de la abeja, las hojas se cerraran, ocultando completamente al insecto.

La inteligencia de la culebra no había alcanzado nunca a darse cuenta de este fenómeno; pero la abeja lo había observado, y se aprovechaba de él para salvar su vida

La culebra no dijo nada, pero quedó muy irritada con su derrota, tanto que la abeja pasó toda la noche recordando a su enemiga la promesa que había hecho de respetarla.

Fue una noche larga, interminable, que las dos pasaron arrimadas contra la pared más alta de la caverna, porque la tormenta se había desencadenado, y el agua entraba como un río adentro.

Hacía mucho frío, además, y adentro reinaba la oscuridad más completa. De cuando en cuando la culebra sentía impulsos de lanzarse sobre la abeja, y ésta creía entonces llegado el término de su vida.

Nunca, jamás, creyó la abejita que una noche podría ser tan fría, tan larga, tan horrible. Recordaba su vida anterior, durmiendo noche tras noche en la colmena, bien calentita, y lloraba entonces en silencio.

Cuando llegó el día, y salió el sol, porque el tiempo se había compuesto, la abejita voló y lloró otra vez en silencio entre la puerta de la colmena hecha por el esfuerzo de la familia. Las abejas de guardia la dejaron pasar sin decirle nada porque comprendieron que la que volvía no era la paseandera haragana, sino una abeja que había hecho en sólo una noche un duro aprendizaje de la vida

Así fue, en efecto. En adelante, ninguna como ella recogió tanto polen ni fabricó tanta miel. Y cuando el otoño llegó, y llegó también el término de sus días, tuvo aún tiempo de dar una última lección antes de morir a las jóvenes abejas que la rodeaban:

—No es nuestra inteligencia, sino nuestro trabajo quien nos hace tan fuertes. Yo usé una sola vez de mi inteligencia, y fue para salvar mi vida. No habría necesitado de ese esfuerzo si hubiera trabajado como todas. Me he cansado tanto volando de aquí para allá, como trabajando. Lo que me faltaba era la noción del deber, que adquirí aquella noche.

Trabajen, compañeras, pensando que el fin a que tienden nuestros esfuerzos —la felicidad de todos— es muy superior a la fatiga de cada uno. A esto los hombres llaman ideal, y tienen razón. No hay otra filosofía en la vida de un hombre y de una abeja.

La lectura para el desarrollo infantil de Marcela
Magdaleno, fue impreso en junio de 2006,
en Q Graphics, Oriente 249-C, núm. 126,
C.P. 08500, México, D.F.